Oiseaux des forêts

Oiseaux des forêts

Texte de Pavel Vašák

Adaptation française de Noëlle Akoa

Illustrations de Jan Dungel

Gründ

Garantie de l'éditeur

Malgré tous les soins apportés à sa fabrication, il est malheureusement possible que cet ouvrage comporte un défaut d'impression ou de façonnage. Dans ce cas, il vous sera échangé sans frais.
Veuillez à cet effet le rapporter au libraire qui vous l'a vendu ou nous écrire à l'adresse ci-dessous en nous précisant la nature du défaut constaté. Dans l'un ou l'autre cas, il sera immédiatement fait droit à votre réclamation.

Librairie Gründ — 60, rue Mazarine — 75006 Paris

Traduction de Noëlle Akoa
Texte original de Pavel Vašák
Illustrations de Jan Dungel
Mise en pages par Eva Adamcová
Première édition française 1992 par Librairie Gründ, Paris

ISBN : 2-7000-1827-3
Dépôt légal : mars 1992

Troisième tirage 2000
Imprimé en République tchèque
3/15/28/53-03

Sommaire

Les oiseaux et la forêt

Les oiseaux des forêts constituent l'un des groupes écologiques les mieux représentés en Europe. Le lien qui rattache les oiseaux aux arbres et arbustes remonte au développement des premières formes aviennes apparues il y a 150 millions d'années. Aujourd'hui, la plupart des spécialistes estiment que les tentatives pour grimper aux arbres, franchir une distance, ou limiter les conséquences fâcheuses d'une chute, furent les facteurs décisifs de l'évolution des reptiles arboricoles en oiseaux primitifs. Quelques-unes de ces formes arboricoles intermédiaires fossilisées (entre oiseaux et reptiles), connues sous le nom d'Archéoptéryx, ont été découvertes au siècle dernier. En l'état actuel des connaissances, on pense qu'elles ne sont probablement pas représentatives de la chaîne d'évolution directe, mais que rassemblant les caractères aviens et reptiliens, elles ont contribué de manière substantielle à confirmer les théories matérialistes de l'évolution en général, et celles de Darwin en particulier. Les changements essentiels concernant la forme du corps de ces créatures primitives survinrent probablement en corrélation avec un mode de vie arboricole qui exigeait, entre autres, la maîtrise du vol. Certains stimuli aboutirent au développement de la forme corporelle typique de l'oiseau. Ainsi, les arbres présentaient certains avantages par rapport au sol: protection vis-à-vis des ennemis terrestres, présence de sources nouvelles et abondantes de nourriture. Mais vint un moment où ces espèces aviennes peuplèrent la forêt en si grand nombre que celle-ci ne put fournir de la nourriture en quantité suffisante. Certaines espèces commencèrent alors à fréquenter la végétation du bord des cours d'eau, ainsi que les terres dégagées. La forme de leur corps et leurs mœurs évoluèrent progressivement pour faciliter leur adaptation à ce nouvel environnement, et grâce à cette forte plasticité corporelle, on aboutit à une grande diversité de formes d'où naquirent de nouveaux ordres et familles d'oiseaux habitant les milieux ouverts. La capacité à se déplacer avec rapidité d'un endroit à l'autre, à consommer une alimentation variée et à nicher en différents lieux, permit à certaines espèces de s'adapter à des environnements aussi peu habituels que l'habitat humain. Le nombre d'espèces vivant dans des zones construites n'a probablement jamais été très important, mais les oiseaux qui ont réussi à s'adapter y vivent souvent en grand nombre.

Revenons à la forêt. Au printemps, nous pouvons voir (et surtout entendre) les espèces aviennes les plus variées et même sans être ornithologue, nous constatons qu'il existe une grande diversité d'oiseaux sylvicoles. Lorsque nous devons déterminer si telle espèce est bien forestière, le degré d'association avec un milieu arboré s'avère un critère important. La forêt offre nourriture et endroits propices pour nicher et s'abriter ; les oiseaux utilisent ces possibilités intégralement ou seulement en partie. La majorité d'entre eux nichent en forêt, et c'est aussi là qu'ils cherchent leur nourriture et/ou un abri. Pour limiter au mieux la concurrence entre espèces, ils ont développé différentes façons d'obtenir, manger et digérer une grande diversité d'aliments, qu'ils rassemblent ou récoltent dans les endroits les plus divers. Au moment de choisir un emplacement pour le nid, ils profitent là encore des multiples possibilités que leur offre la forêt, réduisant ainsi la concurrence entre eux. Dans d'autres cas, les oiseaux s'abritent et nichent en forêt, mais trouvent leur subsistance à l'extérieur. Le Héron cendré se nourrit à proximité de l'eau et dans les champs, mais construit habituellement son nid à la cime des grands arbres. Même comportement pour certains Canards qui passent la majeure partie de leur vie sur les eaux stagnantes et dans des régions non arborées, mais pondent leurs œufs dans les trous d'arbres poussant à proximité ou à une certaine distance de l'eau. Dans ce livre, nous avons retenu la localisation du nid comme critère décisif, et non l'endroit où l'oiseau trouve sa nourriture ou capture ses proies.

Un oiseau se sent véritablement chez lui dans un environnement précis qu'il fréquente avec d'autres individus, couples ou groupes. Soulignons que la concentration des individus en grands groupes (colonies, troupes) n'est pas spécifique des oiseaux vivant en forêt, car les lieux de nidification et les sources de nourriture y sont répartis de façon plus régulière qu'ailleurs.

Les espèces solitaires préfèrent habituellement un type précis de peuplement forestier, et c'est uniquement dans celui-ci qu'elles éliront domicile. Aux latitudes chaudes et tempérées, le type de forêt dépend généralement de l'altitude et des activités humaines. Ainsi, depuis des temps reculés, un processus d'anthropisation a abouti à une déforestation progressive et extensive de la région méditerranéenne, conduisant par exemple à la formation d'un taillis arbustif ou « maquis ». Celui-ci offre aux oiseaux qui aiment le climat chaud, tels les Fauvettes, Pies grièches et Bruants, de bonnes opportunités pour nicher. Un tiers de la superficie initiale des forêts d'Europe centrale et occidentale existe toujours, mais l'intervention systématique de l'homme a sensiblement modifié leur structure. Ainsi, les bois composés de feuillus, notamment d'aulnes, chênes, frênes, tilleuls, hêtres et bouleaux, poussaient jadis à altitude basse et moyenne. Les oiseaux qui nichaient dans ces bois comptaient Grives, Rossignols, Pics verts, Pigeons ramiers, Loriots d'Europe, Merles noirs et Pinsons des arbres. Ils ont réussi à s'adapter aux changements de structure de la forêt, et y sont toujours relativement abondants aujourd'hui. Dans les collines et sur les versants montagneux les plus bas, quelques conifères, notamment le sapin argenté, poussaient au voisinage des feuillus. Quant aux régions les plus hautes de forêts continues, elles se caractérisaient par la présence du pin sylvestre, sorbier des oiseleurs, mélèze et pin cembro qui, dans les Alpes, occupait à lui seul de vastes étendues. Enfin, en montagne, à la limite supérieure des forêts, on trouvait une végétation impénétrable composée de pins de montagne. Le sapin d'Ecosse, lui, poussait à altitude haute et moyenne, sur sol sec et pierreux.

L'augmentation des terres défrichées au début du Moyen Âge imposa la culture d'arbres poussant rapidement et pouvant servir à de nombreux usages. Sous le climat européen, c'est le sapin de Norvège qui donna les meilleurs résultats. Il fut donc planté à des altitudes où à l'origine poussaient essentiellement des arbres à feuillage caduc. Naquirent ainsi les forêts secondaires de sapins, dans lesquelles de nombreuses espèces d'oiseaux (Pinson des arbres, Merle noir) vivant initialement dans les feuillus, trouvèrent refuge, accompagnés d'espèces (Chouette chevêchette, Chouette de Tengmalm, Mésange noire) peuplant habituellement les forêts originelles de sapins, implantées à des altitudes plus élevées. Toutefois, en ce qui concerne le nombre des espèces, l'introduction des forêts secondaires de résineux eut pour effet d'appauvrir fortement la communauté avienne, comparée aux populations d'oiseaux qui peuplaient les forêts originelles de feuillus ou d'essences mixtes.

Les conséquences négatives de l'agriculture sur la diversité de l'avifaune par l'introduction des monocultures d'épicéas, furent partiellement compensées par la création de terres cultivées dans lesquelles prés et champs alternaient avec taillis, vergers et fourrés. Les oiseaux qui vivaient à l'origine dans la forêt et purent s'adapter à ce nouvel environnement (notamment les Fauvettes, Grimpereaux des jardins, Verdiers, Pics épeiches et Chardonnerets), y trouvèrent des endroits satisfaisants pour nicher et se nourrir. Par contre, le changement d'environnement ajouté à la persécution par les hommes repoussa la plupart des Rapaces, Strigidés et Corvidés en altitude, vers les forêts continues des versants montagneux, même si à l'origine, ils faisaient partie de la population avienne naturelle des bois de feuillus implantés à faible altitude.

Adaptation des oiseaux à un environnement forestier

Chez les différents groupes d'oiseaux forestiers, la structure de certaines parties du corps, en particulier du bec et des pattes, est typique. Ceci aide à déterminer à quel degré l'oiseau est lié à un milieu sylvicole. Chez la plupart des espèces, trois doigts sont dirigés vers l'avant et un (le premier) pointe vers l'arrière. La conformation des muscles et tendons contrôlant chaque doigt est, elle aussi, caractéristique. En effet, la surface des tendons et des capsules tendineuses s'orne d'excroissances. Lorsque l'oiseau se pose sur une branche, ces rugosités s'emboîtent les unes dans les autres, provoquant la fermeture automatique des doigts sur la branche, sans aucun effort musculaire. C'est une adaptation particulièrement utile lorsque l'oiseau passe de longs moments perché, par exemple pour dormir. Les Coucous (Cuculiformes) et les Pics (Piciformes) s'agrippent également étroitement aux branches ou à l'écorce des arbres, mais deux de leurs doigts pointent vers l'avant et deux autres vers l'arrière. Bien qu'à l'heure actuelle on ne dispose d'aucune donnée pour expliquer cette particularité chez les Coucous, on sait qu'il s'agit chez les Pics d'une adaptation au déplacement dans un plan vertical. Certains membres de cet ordre (le Torcol fourmilier en Europe et le Toucan en Amérique du Sud) ont abandonné les troncs pour revenir vivre sur les branches, mais ils ont conservé la conformation typique de leurs pattes. Celles de nombreuses espèces liées à un environnement forestier, étaient à l'origine adaptées à d'autres fonctions, ou destinées à effectuer des mouvements dans un milieu différent, comme par exemple la nage (Canards), la marche (Galliformes, Cigognes), ou pour attraper des proies vivantes (Rapaces) ; de toute façon, leurs pattes leur permettent de se déplacer parmi les branches, ou en tout cas de se percher, sans grands problèmes.

Le bec peut prendre une multitude de formes dépendant étroitement du type d'aliments que consomme l'oiseau et de la façon de les obtenir. Le crâne, ainsi que le bec et le cou flexible, jouent un rôle déterminant dans la collecte de la nourriture et la capture des proies. Les espèces insectivores se caractérisent par des mandibules aussi fines que des aiguilles, leur permettant de dénicher de minuscules insectes, alors que les Corvidés ont un bec robuste qui leur sert à tuer des proies plus grosses. Les mandibules des Rapaces et des Strigidés sont spécialisées pour tuer, puis déchiqueter de grands lambeaux de chair ; elles s'ouvrent largement, l'oiseau pouvant ainsi avaler de petites proies entières. Le bec des Pics est conçu pour frapper le bois ; la meilleure technique pour atteindre les insectes lignicoles se résume à quelques coups de bec bien ajustés. Par contre, les Pics travaillent parfois plus de 14 jours pour forer une cavité de nidification, c'est-à-dire tailler le bois et éliminer les copeaux. Chez les granivores, la forme du bec varie selon le traitement subi par les graines avant

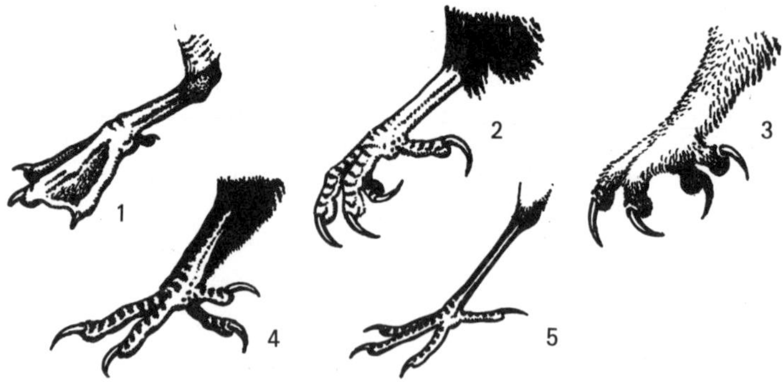

Fig. 1.
Adaptation des pattes des oiseaux à différents environnements : 1 — patte de Canard (pour la nage), 2 — patte de Rapace, 3 — serres de Strigidé, 4 — patte de Pic (pour grimper), 5 — patte de petit oiseau chanteur.

d'être ingurgitées. Certains oiseaux (Pigeons, Tourterelles et Galliformes) avalent simplement la graine, mais la majorité des granivores la décortiquent avec leurs mandibules coupantes, avalant le contenu et laissant l'enveloppe à terre (Bruants, Fringilles). Les espèces qui ne font que nicher dans la forêt et trouvent leur nourriture ailleurs (certains Canards, Hérons et Cigognes) ont elles aussi des mandibules adaptées à leur mode d'alimentation.

La spécialisation alimentaire, c'est-à-dire la tendance à ne manger que certains aliments, demeure rare chez les oiseaux forestiers d'Europe. Le Bec-croisé des sapins, qui ne mange que des graines d'épicéa, et le Bec-croisé perroquet, qui ne consomme que des graines

Fig. 2.
Forme du bec en fonction du type de nourriture et de la façon de l'obtenir : 1 — bec d'un Rapace, 2 — bec d'un Strigidé (utilisés tous deux pour tuer les proies et les déchiqueter en morceaux), 3 — bec d'un Pic, adapté pour tailler le bois, 4 — bec d'un Pigeon, oiseau granivore qui avale les graines en entier, 5 — bec en forme de pinces d'un Passereau insectivore, 6 — bec conique d'un Passereau granivore, qui ouvre les graines pour les manger.

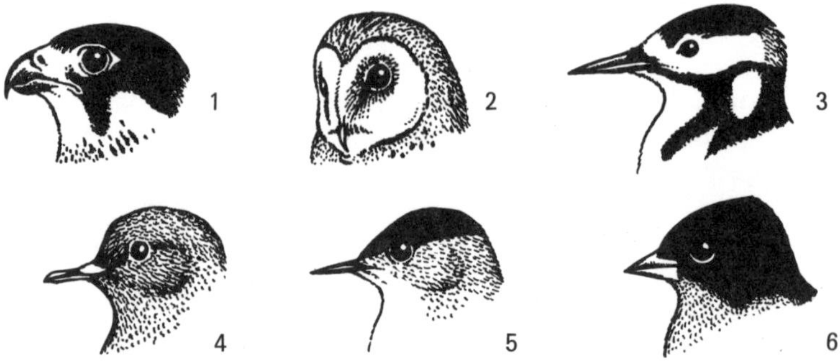

de pin, sont des exceptions. Bien qu'étant des insectivores typiques, les Fauvettes (Sylviidés) montrent une préférence pour les fruits charnus à la fin de l'été, alors que les Fringilles et espèces apparentées, généralement granivores, sont incapables de résister à l'abondance d'insectes et autres invertébrés qui pullulent à la fin du printemps et au début de l'été ; ils en font même parfois le régime de base de leur progéniture. L'alimentation des Galliformes et des Corvidés dépend de la quantité d'organismes animaux ou végétaux plus ou moins disponibles. Dans les plantations de chênes, lorsque les glands sont mûrs, les Geais des chênes se ruent sur cette nourriture et ne mangent pratiquement rien d'autre tant qu'il en reste. Un comportement identique se manifeste chez la sous-espèce sibérienne du Casse-noix moucheté, lorsque les cônes d'arolle arrivent à maturité ; en quelques semaines ou quelques mois, la récolte abondante est épuisée et les oiseaux doivent retourner à un régime plus diversifié. L'approvisionnement saisonnier influe également sur l'alimentation des Mésanges qui, à l'automne, passent d'un régime composé de petits arthropodes à une alimentation comprenant surtout des graines, alors plus abondantes. En hiver, les Mésanges peuvent même manger des bourgeons ou des chatons, mets favoris d'autres espèces comme le Tétras lyre et le Gros-bec. La gamme d'aliments consommés par les Rapaces et les Strigidés ne varie guère pendant l'année, car les petits mammifères et oiseaux (à la différence des invertébrés) sont présents en toute saison. Dans ce cas, la spécialisation alimentaire intervient probablement. Par exemple, l'Autour des palombes et l'Épervier d'Europe préfèrent des oiseaux de taille petite à moyenne, alors que le Faucon crécerelle et la Buse variable (qui ont sensiblement la même taille que les deux Rapaces précédents) chassent presque uniquement des campagnols, mulots, et autres petits mammifères. Leur proie préférée est le campagnol des champs, mais celui-ci ne vivant pas en forêt, le Faucon crécerelle et la Buse variable chassent en terrain découvert.

Modes de nidification des oiseaux des forêts

En Europe, la plupart des oiseaux se reproduisent au printemps. Le début de la saison des amours est marqué par un comportement typique de l'espèce, qui s'extériorise de multiples façons. La parade amoureuse est une phase-clé pour la réussite de la reproduction. Elle réunit les deux partenaires et atténue leur comportement agressif, permettant ainsi le contact physique indispensable à l'accouplement. Pendant la nidification, elle renforce les liens entre les parents. Elle empêche également les croisements interspécifiques, car les parades amoureuses sont caractéristiques de l'espèce, même si elles ne diffèrent qu'à quelques détails près entre espèces apparentées. Enfin, la parade sert à délimiter ou défendre le territoire de nidification. L'extériorisation la plus marquée du comportement amoureux est sans doute le chant, mais le tambourinage des Pics, le hululement des Hiboux, et le vol nuptial des Rapaces servent tous le même but : le comportement du mâle à la fin de la parade incite la femelle à se rapprocher. Certaines espèces s'accouplent après une courte cérémonie, alors que chez d'autres, le couple vit côte à côte pendant plusieurs jours pour que les deux partenaires s'habituent l'un à l'autre. L'acceptation entre partenaires est suivie de la période la plus active de la vie de l'oiseau. Au fur et à mesure que les œufs incubent, puis que les jeunes grandissent, l'instinct amoureux décline puis disparaît, mais chez les espèces qui nichent une seconde fois, il réapparaît, bien que sous une forme moins intense.

Le territoire des espèces nichant individuellement doit être suffisamment grand pour fournir de la nourriture aux parents et à leur progéniture pendant une saison entière. Le « propriétaire » du territoire avertit généreusement par son chant les autres mâles de l'espèce que la zone est déjà occupée ; ces derniers respectent généralement ce droit d'antériorité et vont chercher plus loin un endroit où nicher ; les affrontements directs sont rares. Les espèces qui nichent en colonies (Héron cendré, Corbeau freux) disposent d'un petit périmètre pour s'installer (qui ne contient parfois que le nid) ; toutefois, ils trouvent de la nourriture sur une aire très vaste, ce qui limite la concurrence.

Le choix d'un endroit pour le nid dépend tout d'abord de la hauteur où il sera installé, le type d'arbre n'ayant généralement qu'une importance secondaire. Les botanistes divisent les plantes des forêts en plusieurs strates. La première est composée des mousses et lichens.

Fig. 3.
Nids situés au-dessus du sol : 1 — nid de Mésange, caché dans une cavité, 2 — nid de Tourterelle des bois et de Pigeon ramier, installé sur un rameau horizontal, 3 — nid de Fauvette, construit dans un buisson, 4 — nid de Grive, bâti dans un arbre.

Fig. 4.
Strates de végétation sylvestre.

Au-dessus, on trouve la strate herbacée, avec les graminées, les plantes herbacées, l'airelle, la canneberge et la bruyère. Puis, vient la strate arbustive et enfin la strate arborée comprenant la cime des grands arbres qui atteignent parfois une hauteur considérable. Nous retiendrons également cette division.

Les nids situés sur/ou à proximité du sol sont généralement très bien cachés, en tout cas à l'œil humain et aux Rapaces. Toutefois, ils ne permettent pas de protéger les œufs, ni les oisillons, des mammifères prédateurs qui les dénichent généralement par l'odorat. Au sol, le nid risque également d'être balayé par les eaux. Du point de vue architectural, les nids installés au sol présentent de gros avantages pour leurs bâtisseurs, et ceux de l'Engoulevent d'Europe, du Hibou grand duc ou des Galliformes, brillent par leur simplicité : ces oiseaux pondent à même le sol, ou dans un creux à peine aménagé. À l'inverse, certains parents, tels le Pipit des arbres et le Rouge-gorge, se donnent énormément de mal pour construire un nid en coupe, tapissé de matériaux fins. De même, le Pouillot véloce, ainsi que d'autres membres du genre *Phylloscopus*, bâtissent des nids hémisphériques dignes des plus beaux chefs-d'œuvre architecturaux.

Les Sylviidés, certains Turdidés (Grives et Merles) et de nombreux autres oiseaux préfèrent nicher dans les arbustes, à quelques mètres du sol. Dans ce cas, le nid ne possède pas une base très solide, mais est ingénieusement arrimé parmi les branches touffues qui font écran aux visiteurs indésirables venus de la terre ou des airs. La stabilité de ces nids varie énormément, mais ils doivent toujours pouvoir résister au vent et aux intempéries, et supporter le poids des jeunes en pleine croissance. Les nids de certaines espèces (Sylviidés) ne sont guère solides. Ils conviennent pour élever les jeunes Pouillots, mais si un Coucou décide d'y pondre un œuf, le jeune « squatter » risque de traverser le plancher. À l'inverse, les Grives construisent des nids relativement stables, qu'elles tapissent de boue. La Mésange à longue queue, une des virtuoses dans ce groupe de bâtisseurs à faible hauteur, tisse une charpente sphérique composée de matériaux d'origine animale et végétale, puis camoufle l'extérieur avec de la mousse et du lichen.

Plusieurs espèces ont choisi de nicher à la cime des arbres. La plupart des Rapaces, ainsi que d'autres grands oiseaux comme les Corneilles, certains Fringilles, les Tourterelles et les Pigeons, aiment nicher à plusieurs mètres au-dessus du sol. Les oiseaux de grande taille préfèrent la cime des arbres, d'où ils pourront s'envoler plus facilement. Les espèces plus petites et plus agiles cachent leur nid dans les rameaux touffus, où les installent à l'extrémité de fines brindilles ; dans les deux cas, le nid est pratiquement inaccessible aux ennemis terrestres. Ceci s'applique notamment aux Fringilles et au Loriot d'Europe, dont les nids sont de surcroît des constructions exceptionnellement soignées. Du point de vue architectural, les nids de la Tourterelle des bois et du Pigeon ramier ont très mauvaise réputation : ce sont en effet des constructions délabrées formées de brindilles très lâches, au travers desquelles on aperçoit souvent les œufs. Les Rapaces, le Héron cendré et la Cigogne noire construisent de grands nids impressionnants, composés essentiellement de branches et brindilles sèches de différentes dimensions. Les branches les plus grosses servent comme fondations et le nid qui est une construction relativement élaborée peut être utilisé plusieurs années de suite. Chaque année, les adultes le réparent et l'agrandissent : il devient parfois si lourd que les branches porteuses finissent par se rompre.

Les oiseaux cavernicoles (qui nichent dans les cavités naturelles ou artificielles) sont typiques des forêts. Le trou peut être complètement rebouché hormis une petite entrée, ou disposer d'une ouverture plus grande. Les oiseaux qui nichent dans les trous d'arbres forment un groupe écologique beaucoup plus diversifié que ceux qui pondent dans des trous aménagés dans le sol ou dans des fissures de rochers. Mais aujourd'hui, les forêts des pays industrialisés comptent peu de vieux arbres et le nombre de cavités est devenu un facteur limitatif pour les populations d'une espèce vivant dans une région donnée. Dans ces conditions, la hauteur du nid importe moins, les oiseaux n'ayant plus le choix en la matière. Certaines espèces habitent dans des trous préformés, car seuls les Pics sont capables de creuser leur propre cavité, y compris dans le bois très dur. Heureusement, ils sont encore relativement abondants et leur instinct de constructeurs est à ce point développé qu'ils ne peuvent résister au besoin de forer des cavités, offrant ainsi aux autres espèces incapables de creuser elles-mêmes (Pigeon ramier, Mésanges, Hiboux et Chouettes). Les membres du premier groupe ne tapissent pas le trou et pondent des œufs de couleur unie, alors que ceux du second groupe construisent un nid dans le trou et ont généralement des œufs tachetés.

Dans ces nids de structure variée, construits en des endroits divers, on trouve des œufs eux aussi de forme et de couleur très variables. La couleur de la coquille, ainsi que la structure du nid, sont des critères importants pour l'identification de l'espèce. Les œufs sont de forme variable : coniques, typiquement ovoïdes ou presque sphériques, la forme étant caractéristique de l'espèce. Les oiseaux cavernicoles pondent des œufs blancs, alors que les œufs pondus à découvert ou par des cavernicoles secondaires se teintent de crème à marron, en passant par le verdâtre, le bleu ou le rose-violet, et s'ornent souvent de taches et de motifs plus foncés répartis de façon variable. Ces taches apparaissent à la surface de l'œuf lorsque ce dernier est dans la partie inférieure de l'oviducte de la femelle : elles résultent de la lyse des pigments sanguins présents dans les vaisseaux de la paroi de l'oviducte, et assurent le camouflage de l'œuf. Le matériau qui tapisse le nid, dont les femelles de certaines espèces se servent pour recouvrir les œufs lorsqu'elles s'absentent, joue également un rôle de protection. Chez certains grands oiseaux, les œufs ne portent pas de taches de dissimulation, car les adultes sont capables de protéger les œufs et les jeunes (exemples : Hérons, Cigognes, certains grands Rapaces et Strigidés).

La fréquence de ponte dépend essentiellement de la taille de la femelle. L'intervalle le plus court entre la ponte de deux œufs est de 24 h chez les petits oiseaux ou chez les espèces à grandes nichées (oiseaux chanteurs, Galliformes, Canards). Chez les oiseaux plus grands, la durée de l'intervalle augmente et peut atteindre plusieurs jours. Le nombre d'œufs est spécifique de l'espèce et s'élève de un à deux dans le cas des grands Rapaces, à plus de dix chez les Canards, les Galliformes et les Mésanges. Le nombre d'oisillons peut être important lorsqu'il y a plusieurs nichées. Cependant, ce phénomène est directement lié au temps passé dans le nid par les jeunes. Si le nid est détruit pendant la période d'incubation ou l'élevage des pe-

Fig. 5.
Formes et motifs caractéristiques des œufs.

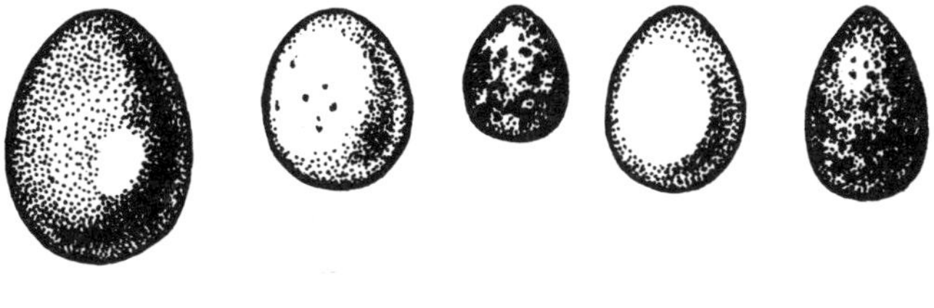

tits, certaines femelles pondent alors une couvée de remplacement. En règle générale, cette couvée est plus petite que la première. Les Tourterelles et les Pigeons nichent plusieurs fois dans l'année, mais ne pondent que deux œufs par couvée. Ceci est dû à la façon dont les nouveau-nés sont nourris. Les parents leur donnent une substance spéciale ressemblant à du lait caillé, qu'ils produisent dans leur propre jabot, et dont la quantité ne permet de nourrir que deux jeunes à la fois.

Les Rapaces et les Strigidés commencent à couver dès la ponte du premier œuf. L'éclosion est donc étalée dans le temps, l'oisillon le plus jeune étant généralement repoussé lors du repas par les autres plus âgés et plus robustes. Il meurt souvent d'inanition ou se fait dévorer par ses frères. Chez la majorité des autres espèces, la femelle quitte le nid pendant des moments relativement longs lors de la période de ponte et le véritable développement des embryons ne commence que lorsqu'elle s'installe pour couver après la ponte du dernier œuf. Dans ce cas, tous les œufs éclosent en 24 h. Chez les Passereaux, Rolliers d'Europe, Pics, Tourterelles et Pigeons, les oisillons naissent presque nus, sourds et aveugles. Ils sont donc totalement dépendants des parents qui les gardent au chaud, les nourrissent, éliminent leurs déjections, les protègent contre les rigueurs du climat et les prédateurs. Étant donnée la nature astreignante de ces travaux, les parents restent ensemble pendant au moins la durée d'une saison de nidification. Chez les Galliformes, Canards, Oies et Cygnes, c'est la situation inverse qui se produit. Les poussins sont recouverts d'un épais duvet et, quelques heures après l'éclosion, sont entièrement secs, capables de se déplacer et de rechercher eux-mêmes leur nourriture. Le niveau plus poussé de leur développement s'explique par une période d'incubation plus longue. Du point de vue de l'évolution, ces jeunes nidifuges sont plus primitifs que ceux des espèces nidicoles. Chez les nidifuges, les soins prodigués par les parents consistent essentiellement à protéger les jeunes et à leur trouver des sources de nourriture abondantes. Ces jeunes étant nettement moins délicats à élever, les mâles de certaines espèces ne participent ni à la couvaison, ni à l'éducation des petits. Ce qui signifie que, pendant la période de reproduction, un mâle est en mesure de féconder un nombre considérable de femelles matures et d'assurer ainsi la continuité de l'espèce. Pour ce qui est de l'évolution, il existe des comportements intermédiaires entre ces deux groupes typiques, comme chez le Héron, la Cigogne, les Strigidés et les Rapaces, dont les oisillons nouveau-nés sont recouverts d'un épais duvet, mais sont par ailleurs totalement démunis et entièrement dépendants de leurs parents, notamment pour le nourrissage.

Le temps passé au nid par les jeunes est très variable. Il est généralement court chez les espèces nidifuges et longs chez les nidicoles, notamment dans le cas des grands oiseaux. Toutefois, il ne dépasse jamais deux à trois mois. Les oiseaux passant une longue période au nid commencent à pondre au début du printemps, pour que les œufs éclosent lorsque la nourriture abonde (fin du printemps, début de l'été).

Dynamique des populations des oiseaux des forêts

Lorsque nous considérons la capacité de reproduction des oiseaux, nous sommes amenés à nous interroger sur les raisons de leur nombre peu élevé (en tout cas chez certaines espèces), et sur les causes de la baisse générale des effectifs. En fait, des recherches approfondies ont montré que sur les terres cultivées, il existe peu d'espèces en expansion. Ce phénomène peut s'expliquer de multiples façons, mais on retiendra principalement l'importance du climat, des sources d'approvisionnement et des changements d'environnement. Dernièrement, ce facteur est devenu prépondérant dans les pays industrialisés. Il existe en effet peu d'endroits épargnés par l'homme, et toutes les espèces ne sont pas capables de s'adapter, ni même de survivre aux changements de conditions de vie.

Une forêt plus ou moins exploitée et composée d'essences mixtes ou de conifères abrite plusieurs dizaines d'espèces dont aucune ne domine en nombre par rapport aux autres. Dans une monoculture de sapins, c'est l'inverse qui se produit, c'est-à-dire que seules quelques espèces sont représentées en grand nombre, alors que d'autres n'existent que de façon sporadique. Dans les monocultures, le nombre d'espèces est donc toujours plus réduit que dans un environnement naturel où domine une plus grande diversité végétale.

Des observations menées à long terme ont montré que la vie au nid et pendant la première année d'émancipation n'est pas favorable à la survie des individus. Il arrive fréquemment que certains œufs de la couvée ne soient pas fécondés, ou bien que l'embryon meure pour diverses raisons, le taux d'éclosion n'atteignant donc pas 100 %. Des pertes importantes sont également enregistrées pendant l'élevage des oisillons nidicoles, ainsi que chez les nouveau-nés incapables de voler des espèces nidifuges, chez lesquels seulement la moitié de la nichée, voire quelques individus, survivent. Enfin, la dernière période cruciale correspond au début de l'émancipation du jeune, lorsque celui-ci se prépare à affronter seul son premier hiver. Cette saison prélève sa part de jeunes oiseaux qui ne résistent pas au mauvais temps, à la maladie et aux prédateurs naturels. Ces facteurs influent à la fois sur les espèces qui hivernent en Europe et sur celles qui descendent vers le sud à l'automne. Pour les oiseaux de petite taille (oiseaux chanteurs, Galliformes, Canards, Oies, Cygnes), qui sont particulièrement menacés, environ un cinquième des jeunes survivent jusqu'à la saison de reproduction suivante. Si l'on considère les changements importants qui affectent aujourd'hui les conditions de vie de l'avifaune, les espèces qui pondent un grand nombre d'œufs ou qui nichent plus d'une fois dans la saison, sont largement avantagées, car il leur est plus facile de reconstituer une population après une catastrophe. Inversement, dans le cas des grands Rapaces qui ne pondent que quelques œufs et ne parviennent à élever qu'un jeune, la mort d'un adulte ou la destruction d'un nid occupé, est un coup sérieux porté à l'ensemble de la population sur un périmètre de plusieurs kilomètres.

Migration

Au siècle dernier, les ornithologues établirent une classification entre les oiseaux sédentaires, les espèces nomades ou erratiques, et les migrateurs. Cette classification s'applique toujours aujourd'hui, même si le baguage des animaux a permis de montrer que des individus d'espèces considérées comme sédentaires, tels les Mésanges, Grimpereaux des bois et Pics, peuvent voyager sur plusieurs centaines de kilomètres. Ces voyages qui ressemblent à de véritables migrations d'automne ou de printemps, sont généralement effectués par de jeunes oiseaux qui partent à la recherche d'un nouvel endroit pour nicher et qui ne sont pas attachés à leur région d'origine comme peuvent l'être les individus plus âgés. Toutefois, la plupart des oiseaux sédentaires ne s'éloignent pas de plus de quelques kilomètres de l'endroit où ils sont nés, ou où ils ont déjà nichés, même en hiver.

Les espèces erratiques ou nomades ne font pas montre d'un « régionalisme » aussi marqué. Elles parcourent des distances variables (traversée d'une grande partie de l'Europe, par exemple) mais n'utilisent pas l'orientation magnétique, comme le font les oiseaux migrateurs. Le facteur déterminant qui les incite à partir est en général un manque de nourriture dans leur aire de nidification à la fin de la saison de végétation. De petits vols de Fringilles ou de Bruants, typiques de ce groupe, fréquentent les localités où ils peuvent trouver suffisamment de nourriture pendant un certain temps. Dès que la quantité de graines ou de fruits diminue, ils changent d'endroit. Au printemps, ils reviennent pour la plupart sur leur lieu de nidification, mais ceci n'est pas une règle générale.

On fait parfois une distinction entre mouvements erratiques et irruptions (ou invasions). Dans ce dernier cas, la majorité des membres d'une espèce donnée habitant une région se déplace à la recherche de nourriture, toujours dans le sens sud-ouest ou sud à partir du lieu de nidification d'origine. Ces « invasions » ne se produisent pas chaque année, même si le phénomène présente une certaine régularité liée aux dates de récolte de certaines cultures. Un hiver, on peut constater une invasion de Tarins des aulnes, Sizerins flammés ou Casse-noix mouchetés, alors que l'on n'en verra pas un seul, ou seulement un ou deux spécimens, l'année suivante. Le Bec-croisé des sapins a un comportement spécifique. En été, il descend dans les plantations de sapins argentés lorsque les graines sont mûres (ces « années à graines » reviennent régulièrement), s'y reproduit pendant l'hiver ou au début du printemps, puis migre en été à la recherche de nourriture. De cette façon, certains groupes peuvent couvrir une grande partie de l'Europe en quelques saisons de nidification. Deux fois par an, les espèces strictement migratrices entreprennent des voyages de plusieurs milliers de kilomètres entre leurs quartiers d'hiver dans le sud et leur lieu de nidification dans le nord. Lorsqu'ils ont terminé leur croissance, les jeunes de nombreuses espèces migratrices errent d'abord dans toute la région avant de partir pour l'hiver. Très souvent, le taux de migration de différentes populations d'une même espèce varie en fonction du climat qui règne dans la région où vivent les oiseaux (par exemple, les Étourneaux du nord migrent, mais les populations du sud sont sédentaires). Les oiseaux passent les mois les plus rigoureux de l'année dans leurs quartiers d'hiver, mais n'y nichent pas. Les raisons pour lesquelles certaines espèces migrent et d'autres pas restent encore à éclaircir. Les spécialistes ont proposé plusieurs théories sur les origines et causes du phénomène migratoire, mais aucune jusqu'à présent n'est entièrement satisfaisante.

Selon une de ces théories, il semble plus avantageux pour de nombreux oiseaux d'élever leur progéniture dans des régions où printemps et été se caractérisent par des nuits courtes et des jours longs, c'est-à-dire dans des régions situées à des latitudes tempérées. (Sous les tropiques, nuits et jours ont quasiment la même longueur et les variations saisonnières sont négligeables.) Avec 14 à 16 heures d'ensoleillement quotidien, les oiseaux ont le temps de réunir suffisamment de nourriture pour les jeunes, qui croissent et arrivent très vite à maturité. Cette théorie semble confirmée par le Loriot d'Europe et le Martinet qui ne visitent l'Europe centrale et occidentale que pendant trois à quatre mois, mais qui parviennent malgré tout à nicher et élever leurs petits dans ces régions. L'abondance de nourriture pendant de longues journées, l'absence de concurrence et un sens inné du temps auraient incité des populations entières d'oiseaux à entreprendre régulièrement des voyages vers le nord au printemps, puis vers le sud à l'automne. Au fil du temps, ce comportement se serait fixé génétiquement et dans le même temps, les distances de migration se seraient allongées. Une autre théorie prend en compte l'influence de l'ère glaciaire sur les déplacements de l'avifaune. Certains scientifiques avancent que les migrations régulières sont le résultat direct du grave refroidissement et de l'avancée des glaces pendant le Pléistocène, qui obligea les populations d'origine à se retirer dans les régions à climat plus doux. Lorsque la température s'est réchauffée et que la glace s'est retirée, les oiseaux sont revenus. D'autres spécialistes pensent que les migrations existaient avant l'ère quaternaire, quand il n'était pas encore question de refroidissement, bien au contraire, puisque le climat régnant à des latitudes comparables était alors plus chaud. Pour étayer leur théorie, ils citent le mouvement périodique des espèces tropicales, qui n'ont besoin d'échapper ni au froid, ni à la raréfaction de la nourriture. Toutefois, il semble que dans l'hémisphère Nord en tout cas, l'ère glaciaire ait joué un rôle important dans l'origine de la migration de plusieurs espèces, ainsi que dans la modification de leur répartition.

D'après une autre théorie, la migration serait provoquée par le photopériodisme : au printemps, la quantité croissante de lumière ainsi que l'allongement de la durée du jour stimuleraient le développement des glandes sexuelles des oiseaux, ainsi que la production de ces glandes. À l'automne, une lumière réduite et des jours plus courts auraient l'effet inverse. L'instinct de migration serait donc éveillé par une modification de l'équilibre hormonal. Cette théorie n'explique pourtant pas comment les oiseaux, installés dans leurs quartiers d'hiver, savent que les jours augmentent dans leur aire de nidification.

Même s'il est vrai qu'un grand nombre d'oiseaux migrateurs d'Europe hivernent en Afrique, certains d'entre eux choisissent également le sud de l'Asie. Ces cas rares concernent plutôt les espèces qui se sont déployées vers l'ouest avec le temps, mais sont restées fidèles à leur aire d'hivernage d'origine, située plus à l'est. Les oiseaux qui se nourrissent essentiellement d'invertébrés migrent plus loin et restent moins longtemps en Europe que ceux dont le régime alimentaire se compose à la fois de plantes et d'animaux, Ainsi, les Étourneaux, Pigeons ramiers, Grives, ne dépassent guère le sud-ouest et le sud de l'Europe et réapparaissent dans leurs aires de nidification plus septentrionales au tout début du printemps, lorsque les graines de l'année précédente et les invertébrés vivant sur ou près de la surface du sol constituent déjà une bonne source de subsistance. Les espèces qui consomment des insectes ailés ou lignicoles doivent attendre que le climat se réchauffe pour que les insectes sortent de leur sommeil hivernal, et soient présents en plus grand nombre.

Le mot « migration » évoque habituellement d'importants groupes d'oiseaux se déplaçant dans une direction précise. Seules quelques espèces (Canards, Pigeons sauvages) volent ainsi en formation ; la majorité des oiseaux forestiers migrent individuellement. Les oiseaux migrateurs peuvent voler à plusieurs centaines de mètres d'altitude, rarement plus, sauf lorsqu'il leur faut franchir des cols de montagne. On surestime souvent leur vitesse de vol et la plupart des oiseaux ne peuvent couvrir que quelques dizaines, au plus quelques centaines, de kilomètres à la fois. Ils doivent ensuite s'arrêter pour se reposer et se nourrir. Les Passereaux insectivores volent généralement d'une zone de végétation à une autre, s'arrêtant à l'occasion pour un petit « en-cas ». Certaines espèces couvrent de grandes distances pendant la nuit et se nourrissent le jour. En règle générale, les petits oiseaux migrent moins vite que les gros, excepté certains voiliers hors pair tels le Martinet et l'Hirondelle de cheminée.

Jusqu'à une période récente, personne ne savait comment les oiseaux migrateurs parvenaient à retrouver leur chemin. Certains scientifiques refusaient de croire que seule intervenait la mémoire visuelle, la capacité cérébrale des oiseaux étant trop réduite pour rete-

Fig. 6.
Aire de nidification (noir) et quartiers d'hiver (hachures) du Loriot d'Europe.

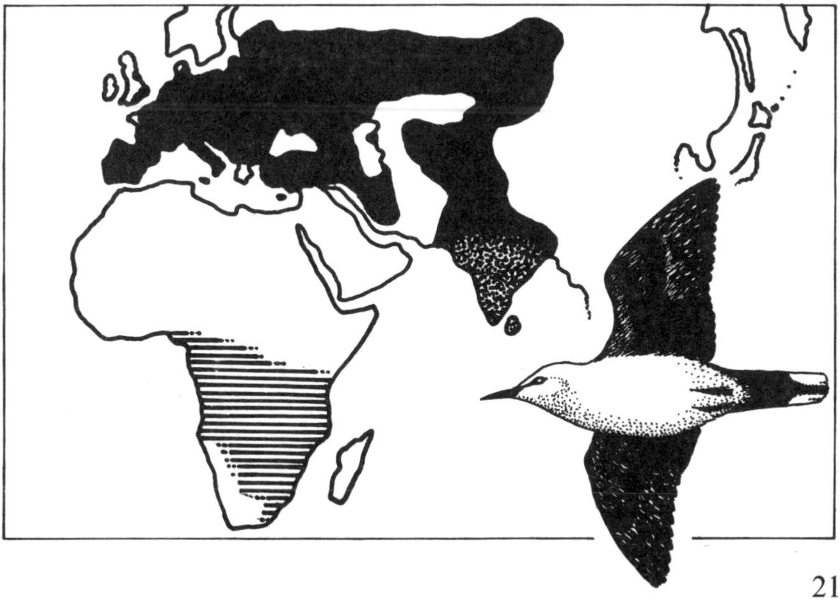

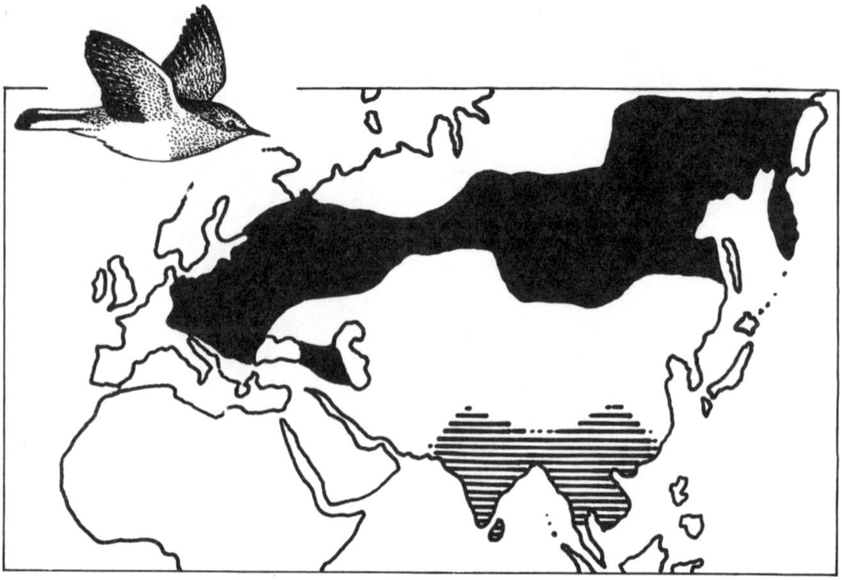

Fig. 7.
Aire de nidification (noir) et quartiers d'hiver (hachures) du Gobe-mouches nain.

nir les détails d'une si longue route. De plus, les jeunes de certaines espèces volent sans être accompagnés par des individus plus âgés et expérimentés qui, si besoin était, pourraient leur indiquer le chemin (exemple : jeunes Coucous). Une série d'expériences approfondies conduites en laboratoire, planétarium, et en plein air, ont montré que les oiseaux se dirigent à l'aide des étoiles la nuit et du Soleil le jour. Dans les deux cas, ils suivent le mouvement apparent des corps célestes par rapport à la Terre et sont capables de réagir aux changements produits par la rotation de cette dernière. Cependant, les nombreux types de migration effectués sous différentes conditions climatiques ne peuvent s'expliquer ainsi. Depuis le siècle dernier, on a commencé à émettre quelques idées sur l'importance du champ magnétique et de la force centrifuge exercée par la Terre lors du vol par temps couvert. Mais, jusqu'à présent, aucun organe capable d'enregistrer de tels signaux n'a pu être identifié, même si l'on a souvent cité l'oreille interne.

Sur de courtes distances (notamment autour du nid), les oiseaux s'orientent à la vue : leur mémoire visuelle est largement plus développée que celle de l'homme. Ceci est confirmé par l'anatomie de l'œil de l'oiseau, qui permet une meilleure différenciation des objets éloignés, une réaction rapide aux mouvements (important pour les

Rapaces) et une meilleure orientation par temps de brouillard. L'œil de l'oiseau comprend également une structure particulière appelée peigne (structure pennée, richement vascularisée, se développant dans le globe oculaire, au départ du faisceau de fibres du nerf optique). Sa fonction n'a pas encore été entièrement expliquée, mais on l'associe généralement à la capacité qu'a l'oiseau de déterminer sa position en vol par rapport au mouvement apparent du soleil et des étoiles.

Importance et protection des oiseaux des forêts

Dans la forêt, les oiseaux occupent différents habitats qu'ils choisissent essentiellement en fonction de leurs exigences alimentaires ou de nidification. L'ensemble des besoins d'une espèce donnée est appelé « niche écologique ». Elle comprend des paramètres inanimés et d'autres qui sont vivants (plantes et autres animaux, y compris les parasites). Certains oiseaux exigent un environnement spécifique pour la nidification (Gobe-mouches nain, Pic tridactyle), ou possèdent une aire de ravitaillement restreinte (Pics, Cigogne noire). Ce sont donc des espèces aux besoins environnementaux précis, c'est-à-dire avec une valence écologique faible. Dans le cas d'un brusque changement de leur habitat, leur nombre diminue automatiquement, et dans certains endroits, ces espèces finissent même par disparaître (Grouse). Par ailleurs, la majorité des oiseaux des forêts se sentent chez eux dans différentes formes de végétation et ne sont même pas limités par le type de nourriture (Fringilles, Mésanges). Certains oiseaux qui vivaient dans la forêt à l'origine se sont adaptés avec succès à la diversité des plantes poussant sur les terres cultivées. Le développement des monocultures de sapins a ainsi accru l'aire de peuplement de la Mésange noire et du Roitelet huppé. Dans les paysages mixtes, où alternent champs, prairies et petits bois, on constate une augmentation du nombre de Sylviidés et de Chardonnerets. Certains oiseaux forestiers typiques (Grive musicienne, Pigeon ramier) se sont véritablement installés dans les parcs et jardins, qui ont été créés par l'homme mais fournissent de bonnes conditions de nidification. Toutes ces espèces ont une valence écologique élevée, mais elles ne peuvent modifier leurs besoins habituels que dans certaines limites, sinon elles risquent de disparaître. Ainsi, les Mésanges ne nichent-elles pas dans les jeunes forêts, car elles n'y trouvent aucun endroit pour installer leur nid : il n'y a pas de gros arbres riches en cavités, et il est impossible d'accrocher des nichoirs sur les troncs minces à une hauteur jugée acceptable par les futurs parents.

Dans la nature, les organismes vivants sont liés les uns aux autres par des relations complexes que l'on résume sous le nom de chaîne alimentaire. Celle-ci débute par les substrats minéraux qui alimentent les plantes vertes. Ces dernières, à partir de matières minérales et grâce à la chlorophylle et au soleil, produisent des composés organiques complexes que sont les sucres, graisses et protéines. Les plantes sont donc de véritables usines végétales. Les différentes parties de leur organisme fournissent de la nourriture à un groupe d'animaux appelés consommateurs primaires, qui ont besoin de composés organiques pour réaliser leurs fonctions vitales. Les consommateurs primaires, communément appelés animaux herbivores (y compris les oiseaux granivores), constituent la nourriture des consommateurs secondaires, tels les Rapaces, les Strigidés et autres animaux prédateurs. Les oiseaux insectivores qui consomment les insectes vivant sur les végétaux appartiennent eux aussi à ce niveau de la chaîne alimentaire. Si un Rapace attrape un consommateur secondaire, il devient consommateur tertiaire. Il occupe donc, en règle générale, la fin de la chaîne alimentaire (l'ensemble du processus est illustré de façon simplifiée par un dessin). Le soleil est un facteur essentiel pour la bonne croissance des usines végétales qui, à la fin de la saison de végétation, assurent la formation d'une nouvelle génération en produisant des graines. Les graines en décomposition constituent un des composants de base du régime du Pinson des arbres, consommateur primaire essentiellement granivore. Si le Pinson des arbres est malchanceux, il se fait capturer par l'Épervier d'Europe. Ce dernier, en tant que consommateur secondaire, n'a pas de prédateur; c'est donc lui qui termine la chaîne alimentaire. Le nombre d'individus sur la chaîne est toujours plus élevé aux niveaux inférieurs (par exemple, il y a beaucoup plus de Pinsons des arbres que d'Éperviers d'Europe). Ce rapport quantitatif est généralement illustré par une « pyramide alimentaire », dont la base est constituée par les végétaux et le sommet par les consommateurs tertiaires. On constate ainsi que, selon la hiérarchie naturelle, chaque organisme occupe une place particulière pour laquelle il s'est battu au cours du processus d'évolution. Ceci s'applique également aux Rapaces et Strigidés qui occupent une position très importante dans cette hiérarchie. Heureusement, on ne les considère plus comme les prédateurs de tous les êtres vivants utiles, voire de l'homme. Il est de plus en plus souvent admis que les carnivores attrapent d'abord les animaux affaiblis ou malades et aident ainsi à maintenir un environnement plus sain pour les individus en bonne santé capables de produire des descendants robustes.

La question de la survie des individus faibles est fréquemment posée en relation avec l'alimentation artificielle apportée aux oiseaux chanteurs pendant l'hiver. Les détracteurs de cette pratique estiment qu'elle permet à des oiseaux de survivre et de se reproduire, alors qu'ils auraient été naturellement éliminés pendant l'hiver. Ils avancent également que jadis, il n'existait pas de mangeoires et que malgré tout, le nombre de petits oiseaux ne décroissait pas comme c'est le cas aujourd'hui. Cependant, ils oublient que les forêts originelles étaient composées de plantes herbacées et d'essences arborées très variées qui assuraient nourriture et abri à une gamme elle aussi diversifiée de consommateurs de végétaux, ainsi qu'à leurs prédateurs. Dans les zones non exploitées, les insectivores et granivores trouvent suffisamment de nourriture pendant toute l'année. En fait, c'est depuis le milieu du XXe siècle que la pollution est devenue un problème mondial, des substances non naturelles et le plus souvent nocives ayant même été retrouvées dans les plaines enneigées du Grand Nord et dans l'organisme des oiseaux qui peuplent ces régions. Dans les pays industrialisés d'Europe et d'Amérique du Nord, des régions entières sont gravement touchées, et l'avifaune la plus sensible est en train de disparaître, si ce n'est déjà fait. Ce qui jadis constituait des aires de nidification denses s'est transformé en un patchwork de sites isolés.

Fig. 8.
Chaîne et pyramide alimentaires (simplifiées).

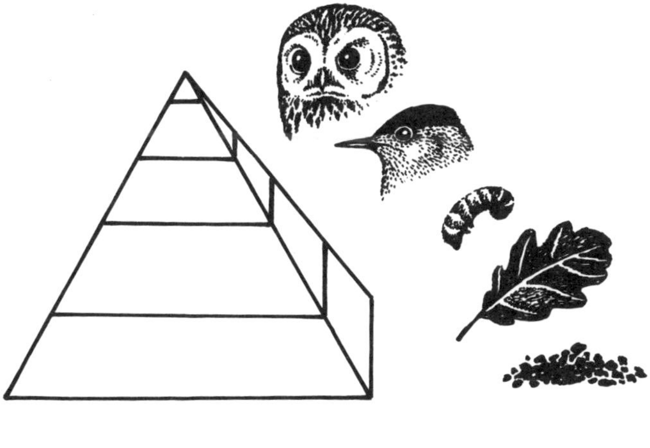

Les tentatives récentes pour reconstituer un environnement sain ont parfois porté leurs fruits puisqu'elles ont amélioré la propreté des rivières et la qualité de l'air. L'apport de nourriture aux oiseaux, notamment à ceux dont l'alimentation comprend des graines et des baies (Mésanges, Fringilles, Merles et Grives) est aussi une mesure de protection, surtout lorsque les mangeoires sont placées dans des zones urbaines et des villages, voire même dans la campagne. Il faut les approvisionner régulièrement avec des graines d'oléagineux et de graminées et/ou des baies séchées de sorbier des oiseleurs, sureau, cenelle. Pour s'assurer que la mangeoire est hors de portée des chats, elle doit posséder un plateau de dimension correcte, être montée sur un grand piquet et placée suffisamment loin des branches. Contre les Rapaces, il suffit de l'installer à proximité d'un buisson touffu dans lequel les hôtes à plumes pourront se réfugier.

Descriptions illustrées

Héron cendré Hérons
Ardea cinerea *Ardeidae*

Voici l'un des Hérons les plus grands et les plus répandus d'Europe. Il vit en différents endroits sur l'ensemble du continent, excepté l'extrême Nord. Il niche également en Afrique et dans certaines régions d'Asie, où la température lui convient. Les populations qui nichent au nord migrent en hiver vers le sud de l'Asie, et en Afrique au sud du Sahara; un petit nombre d'oiseaux passe l'hiver en Europe, principalement à proximité des eaux non prises par les glaces. Le Héron cendré niche à basse altitude, près des eaux calmes ou légèrement stagnantes, où il vit en colonie à la cime des arbres et plus rarement dans les roselières. Il conserve le même nid imposant plusieurs années consécutives, le renforçant à chaque nouvelle saison. Impossible d'oublier une colonie en train de nicher: un même arbre peut abriter plusieurs nids contenant chacun trois à cinq jeunes (2). Ces derniers sont très bruyants et leurs cris sont aussi peu mélodieux que la voix rauque des adultes qu'ils font entendre en vol ou lorsqu'ils se querellent. Les restes de nourriture et une grande quantité de déjections liquides rejetés hors du nid dégagent une odeur nauséabonde caractéristique. Les jeunes oiseaux et les adultes ont le même régime alimentaire, par contre celui-ci varie nettement d'une saison à l'autre et en fonction du milieu. L'alimentation se compose essentiellement de poissons d'eau douce mesurant 10 à 20 cm, mais lorsque l'oiseau vient vivre dans les champs en automne et en hiver, il consomme une plus grande proportion de petits mammifères, notamment de campagnols. À l'occasion, le Héron chasse d'autres petits vertébrés ou même de grands insectes. Il reste à l'affût ou approche ses victimes «à-pas-de-loup», puis détend brusquement son long cou pour les capturer.

2

Par sa taille, le Héron cendré ressemble aux deux Cigognes vivant en Europe, mais il en diffère nettement par la couleur. En vol, il garde le cou replié en «S» (3), alors que Cigognes et Grues volent avec le cou tendu. En vol, on reconnaît également le Héron cendré à ses ailes arquées qui effectuent un mouvement lent et profond. Les Grues et les Cigognes alternent le vol battu et le vol plané et utilisent à cette fin les courants d'air ascendants. À la saison des amours, le Héron cendré se pare de grandes plumes souples sur la tête et le jabot (1), plumes pour lesquelles il était jadis pourchassé. Ces plumes disparaissent en hiver.

La Cigogne blanche est connue de tous, et tout est fait pour assurer sa protection. En revanche, peu de gens connaissent la Cigogne noire, oiseau forestier timide qui ne recherche pas particulièrement le voisinage des hommes. Elle affectionne les forêts anciennes étendues composées de différentes essences d'arbres, et niche rarement dans des régions où poussent des arbres isolés (steppe ou steppe arborée). Elle vit toujours à proximité de l'eau qui se résume parfois à un simple petit ruisseau. Son régime alimentaire est presque aussi varié que celui de la Cigogne blanche, mais du fait de son site de nidification, elle mange surtout du poisson (truite saumonée), qu'elle complète de petits mammifères, reptiles, amphibiens et de grands invertébrés. Elle chasse dans un rayon de plusieurs kilomètres à partir de son nid.

À la différence de la Cigogne blanche, les partenaires de la Cigogne noire rejoignent le site de nidification pratiquement au même moment. Ils annoncent leur arrivée en effectuant des vols ascendants à proximité du nid. Au cours de cette parade acrobatique, ils commencent à construire un nouveau nid ou à réparer et agrandir l'ancien. Les futurs parents choisissent généralement un arbre haut et robuste, plus rarement une corniche rocheuse inaccessible. Les adultes (1) ne ressemblent pas du tout aux jeunes nouvellement éclos, recouverts d'un duvet blanc; pendant leur séjour au nid, les jeunes prendront progressivement (2) l'aspect des adultes. Les parents apportent la nourriture dans leur poche gulaire et la régurgitent dans le nid pour les jeunes.

En comparant la silhouette en vol de la Cigogne blanche et de la Cigogne noire, on distingue nettement les deux espèces. Chez la Cigogne blanche (4), les rémiges et les grandes couvertures alaires noires contrastent avec le ventre blanc, alors que seule une partie de la poitrine et du ventre est blanc chez la Cigogne noire (3). Il est possible d'évaluer l'âge des oiseaux des deux espèces à partir de la couleur du bec et des pattes. Chez la Cigogne blanche, les jeunes ont les pattes blanches et le bec

1

2

noir, alors que pattes et bec sont gris verdâtre chez les jeunes de la Cigogne noire. Les adultes des deux espèces ont les pattes et le bec rouges. Ces différences sont particulièrement marquées à la fin de l'été, lorsque les familles de Cigognes noires survolent la campagne avant le départ pour le long voyage qui les emmènera de leurs lieux de nidification à leurs quartiers d'hiver en Afrique.

Canard carolin
Aix sponsa

Avec son cousin asiatique le Canard mandarin, le Carolin est un hôte habituel des jardins zoologiques, et au cours des dernières décennies, sa popularité n'a cessé d'augmenter auprès des éleveurs.

Le Canard carolin habite une grande partie de l'Amérique du Nord, excepté la région inhospitalière la plus septentrionale. Les oiseaux nichant aux latitudes les moins clémentes migrent vers le sud en hiver, mais ceux vivant dans la zone tempérée sont sédentaires. Comme la plupart des oiseaux aquatiques, le Canard carolin n'est pas particulièrement sensible au froid, mais il a besoin d'eau non gelée pour se nourrir et se reposer. Dès que la glace se forme, l'oiseau gagne le sud. Il se nourrit de différents fragments de plantes aquatiques, qu'il complète d'invertébrés aquatiques et agrémente de temps à autre d'un petit poisson ou d'un amphibien. Dans sa contrée d'origine, on le trouve surtout dans des régions boisées interrompues par des eaux stagnantes ou légèrement courantes. La forêt doit être composée de grands arbres renfermant des cavités ou l'oiseau pourra nicher. La femelle pond une dizaine d'œufs de couleur jaunâtre, qu'elle couve à peu près 25 jours. Dès que les canetons nouvellement éclos sont secs (3), ils se laissent tomber à terre avec hardiesse, souvent de plusieurs mètres de haut, puis guidés par la mère, se dirigent immédiatement vers l'eau. Les mâles ne participent pas du tout à la couvaison, ni à l'élevage des jeunes. Pendant cette période, ils ne peuvent même pas voler car ils sont en pleine mue : ils perdent toutes leurs rémiges à la fois et restent cachés dans la végétation aquatique.

3

Tous les membres appartenant à l'ordre des Ansériformes (Canards, Oies et Cygnes) ont un bec caractéristique comportant des lamelles transversales et un bord denté (4). Les légères variations que l'on rencontre d'un membre à l'autre de ce groupe systématique sont liées au type d'aliments consommés. Par la structure de son bec, le Canard carolin (1) appartient incontestablement à l'ordre des Ansériformes, mais il se distingue des autres Canards par la beauté et

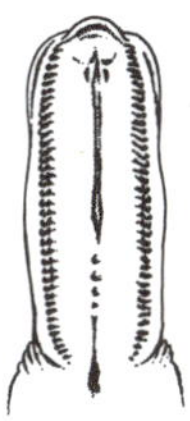
4

l'élégance uniques de son plumage, dans lequel couleurs chatoyantes et reflets métalliques s'harmonisent parfaitement. Même la femelle, dont le plumage est moins éclatant, présente de l'intérêt (2). Il est incroyable qu'au début de ce siècle aux États-Unis, ce joyau ait failli être exterminé par les chasseurs qui en appréciaient la chair. Heureusement, des mesures de protection ont été prises.

L'espèce précédente niche dans des trous d'arbres et fut introduite en Europe par l'homme. Mais il existe également des espèces cavernicoles originaires d'Europe.

L'aire de répartition du Garrot à œil d'or se situe dans les parties les plus froides de l'Ancien et du Nouveau Monde. En hiver, on peut également le rencontrer plus au sud, sur les côtes atlantiques, en Europe occidentale, dans la région méditerranéenne. En Europe, la limite sud de son aire de répartition se décale de l'ouest vers l'est lorsque l'altitude diminue. Ce Canard au plumage élégant niche aux environs des mares et des lacs, mais pas obligatoirement juste à côté. Ainsi, certains nids sont situés à plusieurs centaines de mètres de l'eau. La taille et la profondeur du nid ne sont pas très importantes tant que la femelle peut passer le corps par l'orifice d'entrée. Les oiseaux acceptent les nichoirs aux dimensions correctes. Malgré la couvée relativement nombreuse (environ 10 œufs), les jeunes éclosent presque tous en même temps. Ils sont secs en 24 heures environ et la femelle les incite à sortir du nid pour les conduire à l'eau. Grâce à leurs griffes pointues, les petites boules de duvet (3) grimpent jusqu'à l'ouverture de la cavité et, encouragées par les cris de la femelle, se laissent tomber à terre. Les canetons sont si légers et élastiques qu'ils peuvent faire une chute de plusieurs dizaines de mètres sans se blesser. Dès qu'ils arrivent à l'eau, ils commencent à plonger et sont bientôt capables de trouver leur nourriture (plantes aquatiques et invertébrés) tout seuls.

3

Le mâle et la femelle n'ont pas la même couleur de base, le premier étant noir (1) et la femelle brune (2), avec dans les deux cas des zones blanches contrastées. Il est difficile de distinguer les partenaires parés de leur livrée d'été, car la teinte noire du mâle devient marron et seuls des détails infimes permettent de distinguer la mère du père.

Chez les oiseaux en général, le passage du plumage d'été au plumage nuptial est toujours plus ou moins lié à la saison de reproduction. Chez le

Canard mâle, il se produit généralement à la fin de l'hiver et au début du printemps. Les Canards s'accouplent pour la saison de nidification alors qu'ils sont encore dans leurs quartiers d'hiver, où un nombre élevé d'individus d'une même espèce sont souvent regroupés. La formation des couples s'accompagne d'une parade nuptiale qui permet aux oiseaux de déployer leurs nouvelles couleurs éclatantes. L'accouplement proprement dit ne se produit pas avant le printemps.

Harle bièvre Canards
Mergus merganser *Anatidae*

Le Harle bièvre est une des trois espèces de *Mergus* qui nichent en Europe. Toutes, en tout cas dans leur plumage nuptial, se caractérisent par un fond clair et des motifs sombres. Elles nichent également toutes dans des trous d'arbres, mais pondent aussi dans des creux du sol, des fissures de rochers ou des nids abandonnés par des Corvidés ou des Rapaces. Les Harles se distinguent des autres Canards notamment par leur régime alimentaire, car ils ne mangent pratiquement que du poisson, de mer ou d'eau douce, selon l'endroit où ils vivent. Le poisson ne dépasse pas 10 cm de long en général, mais peut parfois atteindre 25 cm. Ce menu est très rarement amélioré de crustacés, mollusques, vers et insectes aquatiques. Les Harles attrapent presque tous leurs proies en plongeant à plusieurs mètres de profondeur et en restant sous l'eau pendant une minute en moyenne.

À l'instar du Harle huppé, le Harle bièvre est un grand oiseau caractéristique de la zone froide de l'hémisphère Nord. Son aire de nidification s'étend de l'océan Atlantique, à la Scandinavie, en passant par le nord de l'Allemagne et la Sibérie, jusqu'à l'océan Pacifique et de là, jusqu'à l'Amérique du Nord. Pendant la migration, et aussi lorsqu'il voyage hors de la période de nidification, il apparaît également plus au sud. On le rencontre pratiquement partout en Europe occidentale, centrale et méridionale; il affectionne particulièrement les eaux côtières.

1 ♀

4

Le mâle (2) conserve son plumage contrasté noir et blanc jusqu'au début de l'été; après la mue, il ressemble à la femelle, hormis les taches sur les ailes. Celle-ci garde le même plumage toute l'année (1, 3). Comme les autres Canards, les mâles retrouvent leurs belles couleurs à l'automne et, dans leurs quartiers d'hiver, ils sont donc nettement reconnaissables des autres oiseaux aquatiques. L'identification est simplifiée par la silhouette caractéristique avec le corps allongé, le long cou et la tête assez large terminée par un bec effilé. Les bords et la face interne supérieure du bec sont hérissés de dents pointues cornées qui, en plus de l'extrémité recourbée du bec, sont très utiles pour attraper les poissons visqueux et frétillants (4). Une vue latérale de la tête montre la huppe, plus grande chez la femelle (1) que chez le mâle.

Pendant la saison de nidification, on aperçoit surtout cet élégant Rapace dans les régions boisées et vallonnées parsemées de champs, prairies, mares, lacs et rivières. Il n'y a pas encore si longtemps, il nichait au sein des communautés humaines notamment dans le sud de l'Europe. Son habitat est diversifié et donc son alimentation variée. Il préfère les charognes aux proies vivantes, mais n'hésite pas à s'attaquer à d'autres Rapaces, souvent beaucoup plus gros que lui, pour leur voler leur proie. Les habitudes alimentaires particulières du Milan royal ont été étudiées en analysant le contenu de son estomac, qui renferme souvent les restes de gros animaux que le Milan royal ne pourrait capturer lui-même. Il apprécie également les poissons, mais uniquement lorsqu'ils sont morts et rejetés sur la rive, ou ramenés par le courant; il les attrape très habilement en vol, en rasant le sol. Il chasse les proies vivantes un peu de la même façon, mais dans le cas des petits mammifères et des gros invertébrés, il marche lentement au bord de l'eau, pour essayer de les localiser.

Le Milan royal a un nid très particulier. Le matériau de base est constitué de grosses branches et le nid est tapissé de matériaux naturels fins, mais aussi de détritus provenant d'activités humaines (morceaux de papier, chiffon, os et cuir). Dans cette «pouponnière», la femelle pond 2 à 4 œufs; les jeunes sont soignés et nourris par les deux parents pendant deux mois.

2

La queue du Milan royal est plus profondément échancrée que celle des autres Rapaces d'Europe ; elle permet donc une identification assez fiable, même lorsque l'oiseau vole en altitude (3). Vu de près, une grande partie du corps s'orne d'une teinte rousse inhabituelle, qui contraste avec la tête et les couvertures alaires de couleur grise (1). Seuls les adultes présentent cette teinte, mais le plumage des jeunes montre déjà des nuances roussâtres (2).

Le Milan noir *(Milvus migrans)* se caractérise par un plumage marron foncé sans aucune tache rouille, et par une queue à peine fourchue (4). L'échancrure n'est visible que lorsque l'oiseau bat des ailes; lorsqu'il plane ou part en glissade sur l'aile, les rectrices se déploient et l'échancrure disparaît.

1

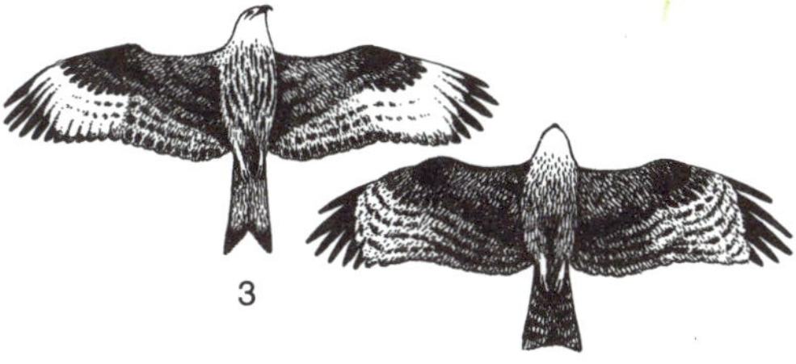

3

4

Circaète Jean-le-Blanc Vautours, Aigles, Buses
Circaëtus gallicus *Accipitridae*

À la différence du Milan royal qui a une alimentation très diversifiée, le Circaète Jean-le-Blanc se nourrit essentiellement de reptiles, lézards et amphibiens, qu'il complète de quelques petits mammifères, oiseaux et insectes. Une telle spécialisation alimentaire est un phénomène assez rare chez les Rapaces européens. On peut aussi se demander comment l'oiseau s'immunise contre le venin. En fait, il est protégé par son épais plumage et sa grande habileté à s'emparer des proies, qu'il tue généralement d'un coup de bec sur la tête et de quelques coups de serres. Les serpents et les lézards sont avalés entiers, si bien que l'on peut voir la queue du reptile dépasser du bec, alors que l'oiseau est déjà en train de digérer la tête. Le Rapace transporte également les proies dans son bec lorsqu'il les ramène au nid pour nourrir les petits. Quand les jeunes sont en partie élevés, la nourriture est régurgitée dans le nid, mais impatients les petits essaient parfois de tirer le reptile encore vivant du bec de l'adulte. La nourriture destinée aux très jeunes oiseaux est d'abord découpée en morceaux par la femelle.

Cette forte spécialisation alimentaire explique pourquoi le Circaète Jean-le-Blanc pond peu d'œufs (un, rarement deux), alors que d'autres Rapaces de taille identique en pondent trois à quatre. Il lui serait en effet très difficile d'élever plus d'un jeune à la fois. Le nombre de vertébrés à sang froid limite également la zone de nidification, qui se trouve surtout dans des régions chaudes, où la forêt alterne avec les terres dégagées.

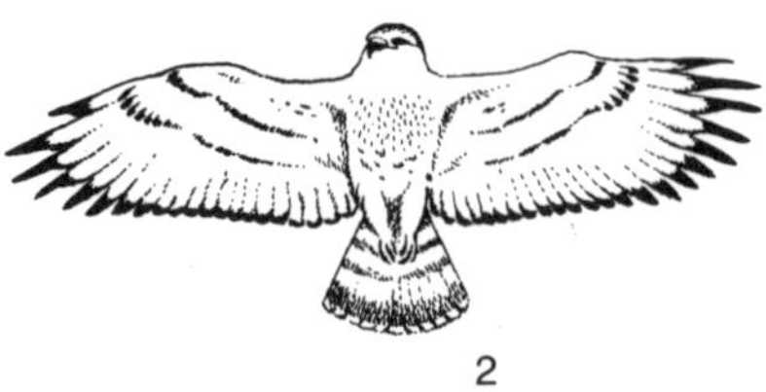
2

Le Circaète Jean-le-Blanc est plus puissamment charpenté et en général plus robuste que la Buse variable, même si les deux oiseaux ont la même taille. Sa grosse tête ronde semble disproportionnée par rapport à son corps. De près, on aperçoit un cercle de plumes soyeuses autour des yeux, qui lui donnent l'expression d'un Hibou (1).

L'effet est renforcé par la couleur brillante jaune orange de son iris. Le Circaète Jean-le-Blanc se distingue également des autres Rapaces de même taille par les taches nettement visibles sur le dessous du corps (2), où la gorge et le poitrail sombres contrastent avec le ventre et le dessous des ailes blancs. Autre trait intéressant: la couleur des pattes change pendant la croissance. Chez les jeunes, les plaques cornées des doigts et des tarses sont roses, alors que les adultes ont les pattes bleutées à bleu-gris.

En Europe, l'Épervier est un des Rapaces qui a relativement bien survécu sur les terres agricoles. Il peuple de grandes zones forestières dans lesquelles les aires boisées alternent avec les clairières, mais vit aussi dans les champs entrecoupés d'arbres et de taillis. Il n'a pas de préférence quant à l'altitude et se moque même de la présence de l'homme. Ces dernières années, on a constaté une augmentation des effectifs dans les parcs et jardins.

L'Épervier d'Europe attrape ses proies soit en se mettant en embuscade, soit en volant rapidement au-dessus des arbustes et parmi les arbres. Il essaie toujours de prendre ses victimes par surprise en fondant sur les proies qui volent (3), ou en les capturant lorsqu'elles sont au repos sur une branche ; il les attrape rarement au sol. Son alimentation se compose largement de petits oiseaux pouvant atteindre la taille d'un Pigeon; les petits mammifères, reptiles et gros insectes n'en constituent qu'une faible part. Encore plus rarement, on trouve dans son estomac ou dans son nid, les restes de Galliformes et mammifères plus gros ; dans la plupart des cas, ce sont probablement des restes d'animaux blessés par les voitures ou les machines agricoles, et qui lui furent donc faciles à attraper. Les proies plus grosses peuvent lui opposer une forte résistance, aussi préfère-t-il les oiseaux assez répandus et faciles à capturer comme les Moineaux. Lorsqu'il poursuit une proie, il garde l'œil fixé sur sa victime, si bien qu'il peut passer parfois très près de promeneurs ou heurter un bâtiment.

3

En plus de sa façon typique de chasser, l'Épervier d'Europe et les espèces apparentées présentent d'autres traits caractéristiques. La femelle (1) est toujours plus grande (d'un tiers environ) que le mâle (2) et chez l'Épervier, elle est en plus de couleur distincte. La différence de taille entre les sexes leur permet d'attraper des proies de dimensions variables et donc de réduire la compétition entre partenaires. Jusqu'à

l'âge de deux ans, les jeunes sont dépourvus des barres ondulées ornant le dessous du corps des adultes ; ils portent des taches allongées, piriformes.

Il est possible de confondre l'Épervier d'Europe (4) avec le Coucou (5), espèce assez commune que l'on entend plus que l'on ne la voit.

Les éleveurs de gibier et de volaille qui habitent à proximité d'une forêt considèrent l'Autour des palombes comme leur pire ennemi. Pourtant, des recherches ont montré que même si l'Autour chasse des Perdrix, Faisans et lièvres, il attrape encore plus souvent des Geais, Pies bavardes, Corneilles, Merles noirs et Pigeons domestiques, c'est-à-dire des espèces assez communes. De plus, à l'automne, les nombreux petits rongeurs forment une part non négligeable de son alimentation. En fait, il est très difficile de savoir si une espèce est nuisible ou non, et on risque de commettre de graves erreurs en ne retenant que le facteur de la concurrence avec l'homme pour la nourriture.

La « soif de sang » et autres défauts dont est accusé l'Autour des palombes, apparaissent sous un jour nouveau lorsque l'on observe sa vie de famille (1). Il construit son nid près de la cime d'un grand arbre, à proximité du tronc, et l'utilise plusieurs années de suite. Pendant la nidification, les adultes ne cessent de renforcer les bords du nid avec des brindilles vertes de conifères, qu'ils arrachent en volant. Comme la femelle commence à couver dès qu'elle a pondu le premier des 3 ou 4 œufs bleuâtres, les jeunes éclosent l'un après l'autre. Pendant les 35 à 40 jours d'incubation et pendant une courte période ensuite, le mâle apporte de la nourriture à la femelle, qu'elle déchire en morceaux avant de la donner aux petits. Seule, la femelle possède cet instinct; si elle meurt, il peut se manifester chez le mâle, mais il est alors généralement trop tard et les jeunes sont déjà morts de faim.

2

Lorsque l'on observe l'Autour des palombes en détail, on remarque d'abord son profil typique. À la base, le bec est droit, puis il s'incurve. Il est donc différent du bec des Perroquets et des Strigidés qui s'arque vers le bas dès la base. Comme de nombreux autres Rapaces, l'Autour des palombes possède une arcade sourcilière saillante qui protège l'œil de la lumière pendant le vol (2). Les pattes et les pieds sont

1

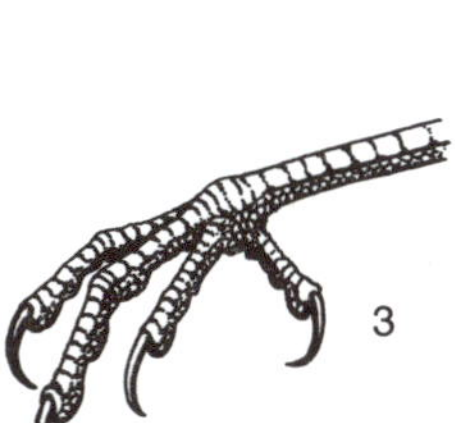

3

également adaptés pour saisir un type précis de proies. L'Épervier d'Europe et l'Autour des palombes ont de longues pattes (3) qui leur permettent d'atteindre plus facilement les proies cachées dans les branches, ou de les attraper en vol. Les longues serres pointues terminant des doigts puissants, transpercent la victime en profondeur, provoquant une mort instantanée.

Buse variable
Buteo buteo

Lorsque l'on aperçoit un grand Rapace tournoyant dans le ciel, il y a de fortes chances pour qu'il s'agisse d'une Buse variable, un des Rapaces les plus communs d'Europe. Pendant la nidification, elle choisit pratiquement tous les types de forêts bordées de terrains découverts sur lesquels elle chasse. Au printemps, les couples effectuent des acrobaties aériennes impressionnantes, alternant les vols circulaires à une altitude vertigineuse avec les descentes en piqué, le tout accompagné de « glapissements ». Lorsqu'ils sont effectivement au nid, les partenaires adoptent un comportement nettement plus discret, mais en automne et en hiver, les Buses variables sortent à découvert en grand nombre dans les prairies et les terres labourées, à la recherche de campagnols, leur mets favori. Plusieurs dizaines de Buses peuvent se regrouper dans des localités où les campagnols sont particulièrement abondants et donc contribuer largement à la limitation des populations de rongeurs nuisibles. Hélas, certaines personnes mal informées pensent qu'il s'agit alors d'une recrudescence des Buses. Les dégâts occasionnés par ces oiseaux ne cessent de faire l'objet de discussions, alors que des analyses d'aliments ont montré de façon évidente que la Buse variable consomme des campagnols à 70%, le reste du menu étant constitué de petits oiseaux, vertébrés à sang froid, et chose plus surprenante, d'insectes. On a parfois retrouvé des restes de gibier (lapins sauvages, lièvres, Perdrix et Faisans) qui provenaient, dans la plupart des cas, d'oiseaux ou d'animaux malades ou déjà presque morts.

2

La couleur de cette espèce varie énormément et nous aurions du mal à trouver deux individus présentant même grossièrement des dessins identiques. La Buse variable existe sous deux couleurs principales. La première est sombre et à dominante brune (2), alors que chez la phase claire, les plumes sombres du dos ont un bord clair et le dessous blanchâtre est moucheté de brun (1, 3). Il existe une large gamme de formes intermédiaires entre ces deux extrêmes.

3

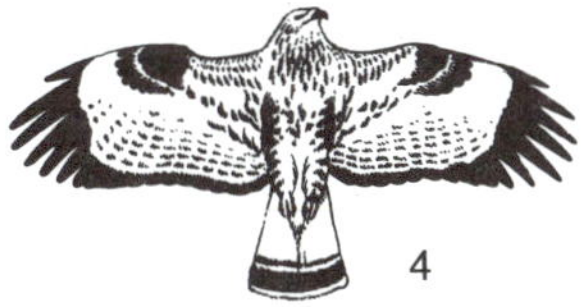

4

1

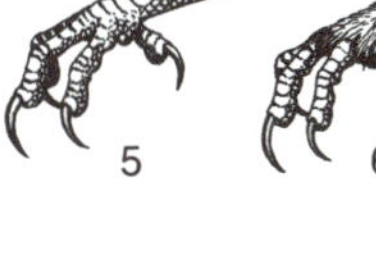

5

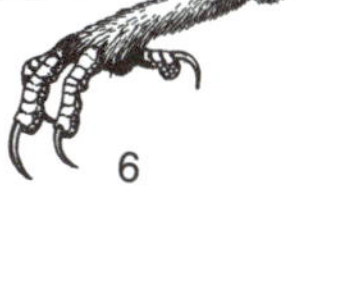

6

La Buse variable peuple les forêts des zones tempérées d'Eurasie. Dans les toundras boisées ou non de l'hémisphère Nord, elle est remplacée par la Buse pattue, un peu plus grosse, dont les pattes sont emplumées (6) (la Buse variable a les pattes nues — 5). La Buse pattue a des taches sous les ailes, un croupion blanc et une bande sombre bien visible à l'extrémité de la queue (4). Elle ne séjourne en Europe centrale qu'en hiver.

Bondrée apivore Vautours, Aigles, Buses
Pernis apivorus *Accipitridae*

Dans plusieurs langues, le nom de la Bondrée apivore évoque les abeilles et les guêpes qui constituent l'essentiel de sa nourriture. Ceci peut sembler étrange pour un Rapace, mais ce groupe, notamment dans les régions chaudes, comprend également d'autres oiseaux au régime alimentaire spécialisé. Par exemple, le Faucon kobez *(Falco vespertinus)* chasse essentiellement des insectes volants, ainsi que des vertébrés à sang chaud en moindre proportion. La Bondrée apivore mange surtout des guêpes et elle est très habile à faire sortir les nymphes et les larves (1) de leur nid construit sous terre ; on l'a également vu s'attaquer à des nids installés parmi les branches et les creux des arbres. Lorsqu'elle se pose à terre ou sur une branche, elle saisit habilement dans son bec les guêpes adultes rendues furieuses. Il a parfois été dit qu'avant d'avaler sa victime, elle lui sectionne les derniers segments de l'abdomen porteurs du dard, mais cette pratique ne semble pas systématique, car des guêpes entières ont souvent été retrouvées dans l'estomac de la Bondrée. Grâce à ses serres puissantes, elle peut transporter un nid entier de guêpes ou de bourdons jusqu'à son propre nid. La femelle commence par nourrir ses deux ou trois petits, puis s'attaque elle-même au couvain. Il est rare que d'autres insectes invertébrés entrent dans l'alimentation de la Bondrée apivore, mais elle consomme parfois des grenouilles, des reptiles ou des oiseaux nichant au sol, ainsi que leurs œufs. Elle n'attrape pas d'abeilles productrices de miel et ne s'approche pas de leurs couvains.

2

La Bondrée apivore a une teinte variable, notamment en ce qui concerne la proportion et la nuance des tons clairs et foncés. Ses pattes épaisses terminées par des griffes obtuses, conviennent parfaitement pour déterrer les nids de guêpes et de bourdons, mais ne lui permettraient pas de s'emparer, ni de tuer de grands vertébrés. La Bondrée est protégée des piqûres de guêpes par ses plumes externes épaisses qu'elle peut

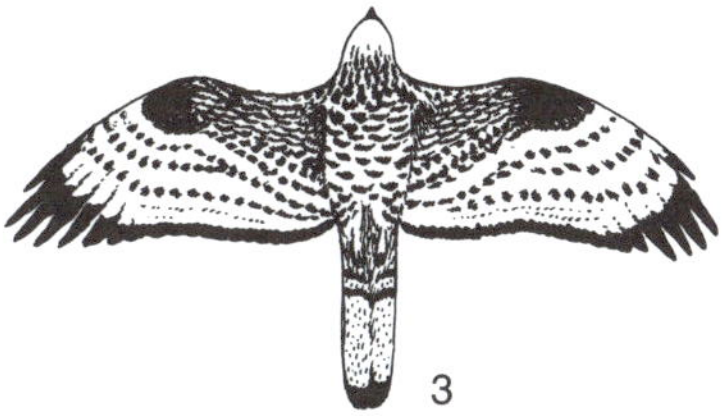

3

1

resserrer étroitement sur son corps pour empêcher tout insecte de se glisser dessous. La base du bec et le contour des yeux sont protégés par des plumes écailleuses se chevauchant telles les tuiles d'un toit (2). On remarque un point noir sur le poignet de chaque aile et la bande terminale des rectrices est plus large et plus marquée que chez la Buse variable (3). Sa tête est nettement plus étroite que celle d'autres Rapaces.

En hiver, la Bondrée apivore n'est jamais visible en Europe, car elle migre en Afrique.

Aigle botté
Hieraaëtus pennatus

L'Aigle botté atteint la taille de la Buse variable (c'est le plus petit Aigle d'Europe), mais sa tête massive et son bec puissant le classent sans hésiter parmi les Aigles. Sa technique de chasse et la composition de son alimentation rappellent l'Autour des palombes. Il se cache dans la couronne des arbres et, lorsqu'il aperçoit une proie, fond sur elle en un éclair, se déplaçant avec agilité entre les branches. Il se nourrit principalement d'oiseaux petits à moyens, de la taille d'un Pigeon ramier, et consomme aussi de petits mammifères. Son aire de répartition, qui a subi de larges saignées du fait que l'oiseau a été pourchassé par l'homme, couvre les parties les plus chaudes d'Europe, le Proche-Orient, l'Asie centrale et l'Afrique du Nord. Les populations européennes et africaines hivernent en Afrique à proximité de l'équateur; les populations asiatiques migrent vers l'Inde et l'Indochine. Dans les régions septentrionales de son aire de répartition, cet oiseau qui aime la chaleur choisit des endroits à faible altitude et des terres couvertes de bois anciens et clairs, parfois susceptibles d'évoluer en steppe arborée. Dans le Sud, on le rencontre parfois en montagne jusqu'à la limite supérieure des forêts, mais uniquement là où la forêt est entrecoupée de terrains découverts.

L'arrivée des Aigles bottés sur leur site de nidification s'accompagne d'un vol nuptial au cours duquel les oiseaux s'élèvent dans le ciel, descendent en piqué, puis partent en glissade sur l'aile. Le nid est toujours installé sur un grand arbre ou, faute de mieux, sur une paroi rocheuse inaccessible. L'élevage des jeunes incombe principalement à la femelle, qui reçoit peu d'aide du mâle pendant la couvaison. Par contre, c'est le mâle qui approvisionne la mère et les petits en nourriture fraîche.

L'Aigle botté existe sous une forme claire (1) et une forme foncée (2), qui se distinguent essentiellement par la différence de couleur sur la face inférieure du corps (3, 4). Les formes intermédiaires sont nettement moins répandues que chez la Buse variable, par exemple.

Proche parent, l'Aigle de Bonelli *(Hieraaëtus fasciatus)* n'a pas de variantes de couleur. En général, il a la teinte de la forme claire de l'Aigle botté, mais est un peu plus grand (5). Cette

2

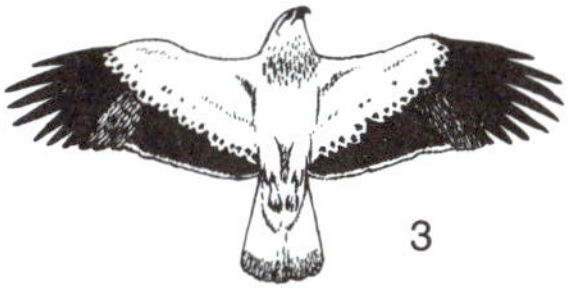
3

4

1

espèce vit dans les régions chaudes d'Eurasie, jusqu'en Indochine; on le rencontre aussi dans le nord de l'Afrique. Il est sédentaire sur l'ensemble de son aire de répartition, même si, à des latitudes plus septentrionales, il peut montrer des tendances erratiques. Il affectionne les steppes et régions semi-désertiques, mais niche également sur les plateaux montagneux non arborés.

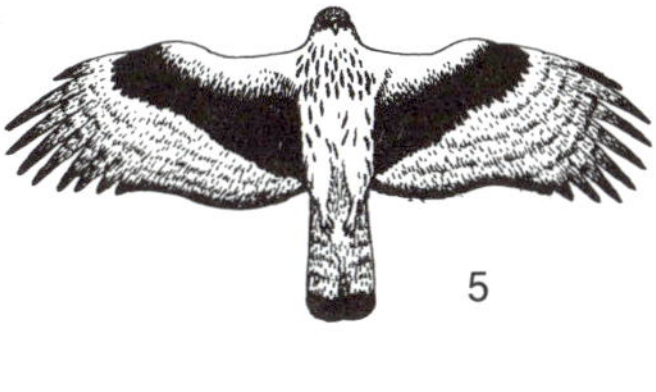
5

Aigle impérial
Aquila heliaca

Cet oiseau majestueux correspond bien à l'idée que l'on se fait habituellement d'un Rapace. Il peuple une grande partie de la zone tempérée qui s'étend de l'Europe orientale, à l'ouest, jusqu'à la région du lac Baïkal, à l'est. Deux populations isolées, l'une sur la péninsule Ibérique, l'autre au Maroc, représentent sans aucun doute les restes de ce qui constituait un territoire continu à travers l'Europe. Depuis des siècles, la répartition des gros Rapaces reste liée à l'intensité avec laquelle ils ont été pourchassés. Les Aigles ont perdu cette lutte inégale, avec pour résultat, leur disparition ou leur retrait, sur de vastes territoires, des régions de plaines vers les massifs montagneux inaccessibles. Là, un petit nombre d'individus a survécu jusqu'à présent. Des mesures draconiennes visant à assurer leur protection ont été prises au cours des dernières décennies et ont permis d'augmenter le nombre des oiseaux, qui commencent à retourner vers leurs sites de nidification originels.

L'Aigle impérial niche à altitude variable, des bois ripicoles aux forêts de sapins, pourvu que ces dernières comportent, ou soit entourées, de zones dégagées où l'Aigle établira son terrain de chasse. Il attrape des proies dont la taille est fonction de sa propre stature — gros rongeurs, lièvres, lapins sauvages, Corvidés et Galliformes ; il ne dédaigne pas non plus les charognes en état avancé de putréfaction. Le nid (aire) est une grande structure solide construite sur un arbre. La femelle y pond deux œufs (rarement un ou trois). Les jeunes éclosent 42 à 45 jours plus tard, à quelques jours d'intervalle, ce qui ne profite guère au plus jeune qui finit par dépérir ou est dévoré par les adultes.

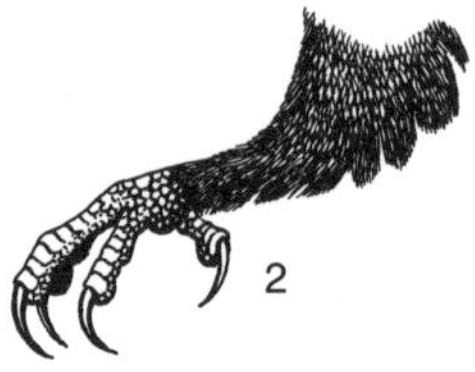
2

Avec sa couleur particulière, l'Aigle impérial est facile à différencier des autres gros Rapaces comme l'Aigle royal, le Pygargue à queue blanche. Même à distance, on distingue clairement la tache jaune ornant la nuque et le cou, soulignée par une plage d'un blanc éclatant sur chaque épaule (1). Les jeunes se reconnaissent à leur plumage brun clair, presque ocre. À chaque mue, ils acquièrent de

1

nouvelles plumes foncées et, vers trois à quatre ans, possèdent leur livrée adulte.

La plupart des Aigles se caractérisent par la présence de plumes recouvrant les pattes jusqu'aux doigts (2). Le Pygargue à queue blanche est une exception, car il attrape la plus grande partie de sa pitance (poissons, oiseaux aquatiques, cadavres) dans l'eau, et serait gêné par des plumes sur les pattes.

Aigle pomarin
Aquila pomarina

Voici l'un des plus petits Aigles, guère plus grand qu'une Buse variable. Mais la tête et le bec plus massifs le distinguent très nettement de cette dernière, y compris en vol. Son aire de répartition présente des similitudes avec celle de l'Aigle impérial, car là aussi, les persécutions et la transformation de régions boisées en steppes cultivées ont joué un rôle. Aujourd'hui, l'Aigle pomarin niche en Europe centrale et orientale, ainsi qu'en Inde et en Birmanie; c'est une espèce nomade lorsqu'il niche entre ces deux régions. Il ne niche pas en Europe occidentale, mais on espère vivement qu'il finira par y revenir, car il fait régulièrement des incursions dans les pays limitrophes de son aire de répartition (Autriche, Italie, Danemark, Allemagne de l'Ouest), même si ces apparitions se raréfient lorsqu'on se déplace vers l'ouest.

Pour élever ses petits, l'Aigle pomarin recherche des régions boisées à faible ou moyenne altitude. Dans la partie orientale de son aire de répartition, l'absence de vastes forêts l'a obligé à s'installer dans les taillis et les petits bois ripicoles. Les deux œufs éclosent l'un après l'autre, si bien que les jeunes sont d'âge différent et n'auront donc pas les mêmes chances de survie. Il est exceptionnel que les deux jeunes atteignent l'âge adulte; en règle générale, le plus faible est attaqué par l'aîné qui le précipite hors du nid. Les populations peuvent cependant être augmentées par des mesures de protection adaptées (en plaçant le jeune le plus faible dans un nid de Buse variable par exemple, ou bien l'élevant artificiellement).

L'Aigle pomarin adulte (1) se caractérise par un plumage marron foncé, éclairé uniquement par le liseré plus clair des plumes du dos, de la tête et du ventre. Les jeunes se distinguent de leurs parents par le bord blanc de la plupart des plumes scapulaires, rémiges secondaires et couvertures alaires (2) ; ils n'acquièrent le plumage foncé adulte qu'à leur quatrième année, lorsqu'ils

1

arrivent à leur maturité sexuelle. Avant d'y parvenir, ils deviennent plus foncés à chaque mue.

L'Aigle criard (*Aquila clanga*), apparenté, niche en Europe orientale, mais il n'est pas rare qu'il vienne rôder jusqu'en Grande-Bretagne. Les jeunes se distinguent de ceux de l'Aigle pomarin par leurs taches plus nombreuses et leur croupion blanc (3). Les adultes sont brun foncé uni, mais conservent le croupion blanc. Les variantes de couleur (claire et foncée) ne sont pas très prononcées chez ces deux espèces.

Faucon hobereau Faucons
Falco subbuteo *Falconidae*

Le Faucon hobereau est réputé pour être un voilier rapide et agile, mais peu de personnes peuvent vraiment se vanter de l'avoir vu en pleine nature. Il peuple l'ensemble de l'Europe, sauf l'extrême nord, mais il n'est jamais très abondant. Pour nicher, il choisit des paysages où les zones herbeuses alternent avec les collines boisées et les cours d'eau. Pendant le vol nuptial, les futurs partenaires décrivent des cercles dans le ciel, puis brusquement s'élèvent encore plus haut pour retomber en piqué. Ils occupent souvent un vieux nid abandonné par un Rapace ou une Corneille; ils affectionnent particulièrement les nids placés en lisière de taillis, d'où ils peuvent surveiller la campagne environnante. La femelle pond 2 à 4 œufs; le mâle participe à la couvaison et aide aussi à réchauffer les petits, même si c'est dans une moindre part que la femelle. Celle-ci nourrit les jeunes avec des proies qu'elle découpe en morceaux, mais ils reçoivent aussi des insectes des deux parents. Bien que le Faucon hobereau mange surtout de petits oiseaux, il ne dédaigne pas les insectes volants. Il attrape toujours ses proies en vol, le plus souvent en fondant sur la victime, plus rarement en la prélevant sur une branche ou au sol. C'est le seul Rapace européen qui chasse les Martinets et les Hirondelles. Il sillonne son vaste territoire à la recherche de proies et ne chasse pas près du nid. Lorsque Martinets et Hirondelles l'aperçoivent, ils s'enfuient pris de panique, alors qu'avec d'autres Rapaces, ils font face courageusement.

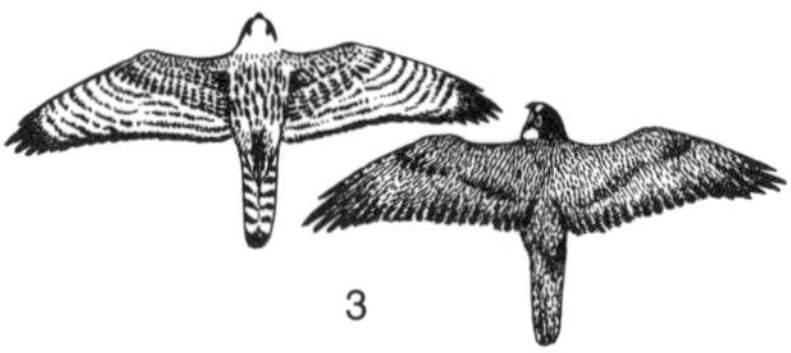
3

Les adultes (1) sont difficiles, voire impossibles, à distinguer par la couleur, mais la femelle est légèrement plus grande que le mâle. Les jeunes (2) ont une teinte moins vive. La couleur et les taches du plumage rappellent l'aspect d'un jeune Faucon pèlerin, mais le Faucon hobereau ne dépasse jamais 35 cm de long. En vol, la tête aux tons clairs et foncés s'orne d'une moustache

noire caractéristique (3). Lorsqu'il effectue un vol battu lent et profond, ou lorsqu'il se laisse glisser sur ses ailes en forme de faucille et sa queue courte fuselée, le Faucon hobereau ressemble à un grand Martinet. Ces capacités de vol le placent aussi en bonne position lors de la migration; il passe en effet l'hiver en Afrique tropicale, au sud de la zone de forêts pluviales.

Tétras lyre, Petit Coq de bruyère — Tétras
Tetrao tetrix — *Tetraonidae*

Le vaste territoire du Tétras lyre s'étend de l'Europe occidentale, y compris la Grande-Bretagne, à la Sibérie orientale. Les limites nord et sud de son aire de répartition coïncident avec les limites de la forêt qui se transforme en toundra au nord et en steppe au sud. Les activités humaines ont détruit une grande partie de l'habitat du Tétras lyre, notamment dans les pays d'Europe centrale et occidentale, et son effectif a rapidement diminué au cours des dernières décennies. Une des principales raisons de cette baisse est le changement de structure des forêts. Le Tétras lyre n'exige pas un type de forêt particulier et vit dans les conifères, les feuillus ou les forêts mixtes. Par contre, il a absolument besoin d'endroits découverts (clairières, landes). C'est là en effet que se déroulent les parades nuptiales et que les oiseaux trouvent leur nourriture (surtout des baies). La réduction des myrtilles, canneberges, framboises et fraises sauvages, et baies de genévrier, a eu un impact évident sur les populations de Galliformes sylvicoles. Après la saison des fruits, le Tétras lyre se nourrit de pousses vertes prélevées sur les plantes herbacées et ligneuses, de glands et de faînes ; en hiver, il mange surtout des bourgeons et des chatons de bouleau et d'aulne. Les très jeunes oiseaux préfèrent insectes et petits invertébrés que la femelle attrape ou déterre du sol. Progressivement, ils passent à un régime végétarien et ne consomment des aliments d'origine animale qu'en complément. Les jeunes Tétras lyres grandissent très vite, et peuvent déjà voler sur de courtes distances une semaine après avoir éclos.

2

4 ♀

1 ♀

Pour la parade amoureuse (2), les Tétras lyres se regroupent dans une arène et commencent leur cérémonie à l'aube. Les mâles traversent l'arène précipitamment, en émettant des sifflements et des gloussements, et de temps à autre, bondissent ou s'envolent. Ils déploient leur queue, baissent les ailes, ébouriffent leur cou et frottent leurs plumes les unes sur les autres, paraissant alors plus gros qu'à l'ordinaire. Ce comportement a notamment pour but d'intimider les rivaux, mais est surtout destiné à séduire les femelles (1) qui arrivent sur l'arène au lever du soleil. L'apparition des poules crée un tumulte chez les mâles et il n'est pas rare que les plumes commencent à voler. Le mâle se distingue par sa queue en forme de lyre (3), dont sont dépourvues d'autres espèces apparentées; mâles et femelles diffèrent également par la couleur (1, 4).

3 ♂

Gelinotte des bois — Gelinottes
Bonasa bonasia — *Tetraonidae*

La Gelinotte des bois est le plus petit Galliforme d'Europe. Elle peuple les forêts de conifères et de feuillus d'Asie et d'Europe, surtout à moyenne altitude. Comme le Tétras lyre, le nombre d'individus en Europe, dans les pays industrialisés et à agriculture intensive, est en constante diminution. Dans certains endroits, on ne trouve plus que des populations isolées et parfois, l'oiseau a complètement disparu de régions entières.

Certaines mœurs de la Gelinotte des bois sont encore mystérieuses, car cet oiseau mène une vie discrète dans les taillis. À la différence des autres Galliformes, le coq reste fidèle à la femelle, qu'il commence à courtiser dès l'automne. C'est à cette époque que les mâles volent bruyamment en poussant des sifflements aigus pour délimiter leur futur territoire de nidification. Des couples temporaires se forment parfois à cette période, mais les oiseaux passent habituellement l'hiver en « célibataires ». La parade nuptiale a lieu au printemps; elle n'est pas aussi spectaculaire que celle du Tétras lyre ou du Grand Tétras. Les mâles hérissent leurs plumes, puis déploient et laissent traîner au sol les ailes et la queue, tout en poussant des sifflements aigus; en règle générale, ils ne se battent pas entre eux et ne se pavanent que devant leur future partenaire. Le nid est installé sur le sol, caché parmi la végétation, et la femelle couve une dizaine d'œufs 22 à 25 jours, pendant que le mâle surveille les environs. Lorsque les jeunes ont éclos (3), le mâle rejoint la famille qui reste unie tout l'été et se disloque à l'automne. Jeunes et adultes ont le même régime alimentaire que le Tétras lyre.

2 ♀

3

La Gelinotte des bois a environ la même taille qu'une Perdrix, mais les deux espèces fréquentent des habitats totalement différents (les Perdrix sont des oiseaux typiques des champs et ne se rencontrent pas normalement en forêt). D'autres différences concernent le plumage, en particulier la couleur de la queue, qui est brun rouille chez la Perdrix. Le dimorphisme sexuel est moins prononcé chez la Gelinotte que chez d'autres Galliformes, mais le coq (1) a la gorge noire et des couleurs plus

1 ♂

4

vives que la femelle (2). N'oublions pas de mentionner les pattes caractéristiques recouvertes de plumes jusqu'aux doigts qui sont nus (4). Apparentés, le Lagopède des saules et le Lagopède alpin (genre *Lagopus*) ont les doigts et les pattes recouverts d'un épais plumage, si bien qu'en hiver, leurs pieds ressemblent plus à des pattes de mammifères; cette adaptation leur permet de se déplacer plus aisément dans la neige non tassée.

Grand Tétras, Grand Coq de bruyère — Tétras
Tetrao urogallus — *Tetraonidae*

Le Grand Tétras est l'un des Gallinacés les plus prisés des chasseurs, mais ces dernières années ses effectifs ont accusé un net recul, moins à cause des chasseurs qu'en raison des modifications rencontrées dans son biotope. À l'origine, il peuplait les parties tempérées et froides d'Eurasie, mais aujourd'hui, son aire de répartition dessine un *patchwork* qui s'est mis en place en corrélation avec la réduction des forêts anciennes. Le Grand Tétras a pratiquement entièrement disparu des régions de faible altitude et peu d'individus survivent à haute altitude, jusqu'à la limite supérieure des forêts.

Le Grand Tétras est connu pour sa parade nuptiale originale, au cours de laquelle il devient complètement sourd l'espace d'un instant : le chasseur peut alors s'approcher à portée de fusil. Pendant le restant de la parade, il retrouve son acuité auditive et s'envole au moindre bruit. Il commence son chant d'amour au point du jour sur un arbre, puis lorsque le soleil s'est levé, continue au sol. À ce stade, les poules arrivent et les rivaux s'affrontent dans des combats brefs et intenses, se jetant l'un sur l'autre comme des coqs de combat en essayant de se blesser à coup de bec et de griffes. Le vainqueur peut s'accoupler avec plusieurs poules, mais c'est là que s'achève sa participation à la pérennité de l'espèce, car la femelle couve et élève seule les petits : à l'âge de 10 jours, les jeunes sont capables de voler pour se percher sur les branches. Les insectes (surtout les fourmis et leurs nymphes) constituent un élément important du régime des jeunes ; les adultes ont une alimentation plus variée, qui se limite en hiver aux pousses de conifères et bourgeons de feuillus.

Le mâle du Grand Tétras en pleine parade amoureuse adopte une pose typique, en tenant sa tête dressée à la verticale, laissant traîner ses ailes et déployant sa queue au maximum (1). Pendant la saison de reproduction, les caroncules situées au-dessus des yeux se gonflent et se remplissent de sang. Ces organes sont à peine visibles chez la femelle qui est de même couleur que les feuilles ou l'herbe sèches (2); les jeunes sont tachetés dans le même but de

camouflage. À l'automne, ils deviennent indépendants et cherchent leur propre endroit pour nicher, sans s'éloigner de plus de quelques dizaines de kilomètres du nid des parents. Les adultes ne quittent généralement pas leur territoire de nidification pendant l'année. On cherche aujourd'hui à mettre au point des techniques de réimplantation du Grand Tétras dans des régions d'où il a disparu, mais l'adaptation d'oiseaux élevés en captivité dans un environnement naturel pose toujours des problèmes.

Faisan de Colchide
Phasianus colchicus

Le Faisan de Colchide ne ressemble pas à un oiseau forestier, pourtant son mode de vie est étroitement lié aux taillis et lisières de forêt. Il passe la nuit perché sur une grosse branche. Après la récolte des céréales et pendant l'hiver, il se nourrit de graines et de fruits produits par les plantes herbacées et ligneuses poussant en forêt. Son nid, habituellement construit à terre, est souvent caché dans un groupe d'arbustes et selon certaines sources fiables, on a même trouvé des œufs de Faisan de Colchide pondus dans des nids abandonnés de Corneilles.

Peu de gens savent que le Faisan de Colchide n'est pas originaire d'Europe. Son aire de répartition originelle s'étend entre la mer Caspienne et le Caucase (ancienne Colchide) d'une part, l'Indochine et la Chine d'autre part. En des temps reculés, l'Asie centrale et du Sud-Est fut probablement un centre de formation et de diffusion de plusieurs races de Faisans. Le développement involontaire vers l'ouest débuta dans la Grèce et la Rome antiques : périodes auxquelles le Faisan fut introduit dans la région méditerranéenne. À la fin du Moyen Âge, on assista à un nouveau déploiement du Faisan, si bien qu'il finit par atteindre tous les pays d'Europe où régnait un climat tempéré et parvint même à gagner l'Amérique du Nord. Il a également été importé avec succès au Japon, en Nouvelle-Zélande et même à Hawaii. Sa grande capacité d'adaptation s'explique par les conditions naturelles de sa contrée d'origine. C'est le seul Galliforme introduit, puis élevé artificiellement, qui se soit complètement adapté à un nouvel environnement et intégré à une nouvelle avifaune.

5

Tous les Faisans, ainsi que de nombreux autres Galliformes, se caractérisent par des pattes puissantes qui leur permettent de courir vite et sur de longues distances (3). À la différence des Rapaces, ils ont de grandes griffes émoussées, qu'ils utilisent pour gratter les végétaux et le sol. Ils ont aussi un bec typique relativement épais, muni d'une mandibule supérieure légèrement bombée et dont l'extrémité dépasse un peu de la mandibule inférieure (4), permettant ainsi à l'oiseau d'attraper et tuer les proies.

Dans la partie asiatique de l'aire de répartition du Faisan de Colchide, plusieurs espèces diffèrent uniquement par la couleur des mâles, alors que les femelles (2) et les jeunes (5) se ressemblent énormément. Des oiseaux d'origine et de race distinctes ont été importés en Europe à différentes époques, si bien que les Faisans actuels sont un mélange de toutes ces formes, appelées type « *colchicus* » (1) par les ornithologues. Ceux qui en diffèrent le plus sont les Faisans versicolores japonais (*P. colchicus versicolor* — 6).

Peu d'oiseaux intéressent autant les chasseurs que la Bécasse des bois. La raison en est probablement que la plupart des gens apprécient l'arrivée du printemps après un hiver long et froid, et que c'est justement en mars et avril que se déroulent les migrations et les parades amoureuses des mâles (3). Par les calmes soirées printanières, ils volent juste au-dessus des arbres, à la lisière des forêts ou au-dessus des clairières, lançant des cris typiques pour faire sortir une femelle de sa cachette dans le couvert végétal. Si la femelle répond, le « postulant » a pratiquement gagné. Il vient se poser, puis gonfle son plumage et déploie ses ailes et sa queue en approchant de sa partenaire. Après l'accouplement, son intérêt disparaît et il vit en solitaire jusqu'au printemps suivant. Avant de commencer à couver, la femelle peut accepter les attentions d'autres mâles et s'accoupler avec eux. Dans une certaine mesure, on peut considérer que ceci est un cas de polyandrie (avoir plusieurs partenaires sexuels mâles), phénomène unique chez les oiseaux.

À l'instar d'autres membres de l'ordre des *Charadriiformes*, la femelle pond habituellement quatre œufs dans une simple dépression ménagée dans le sol (2). Dès qu'ils sont secs, les oisillons suivent leur mère qui commence par placer de la nourriture devant eux, puis leur montre comment en trouver eux-mêmes. Quel que soit leur âge, les oiseaux consomment surtout des vers de terre et autres invertébrés, additionnés parfois de graines provenant de plantes herbacées poussant en forêt ou dans les champs.

2

Les adultes (1) sont parfaitement dissimulés par leur plumage. C'est comme si la Bécasse des bois elle-même en était consciente, car en cas de danger, elle commence par s'aplatir au sol et attend de voir ce que fait l'ennemi potentiel. Elle ne prend son envol qu'en cas de danger imminent, et disparaît alors en tournoyant entre les branches. La Bécasse a une tête et un bec particuliers. Le dessus et l'arrière de la

1

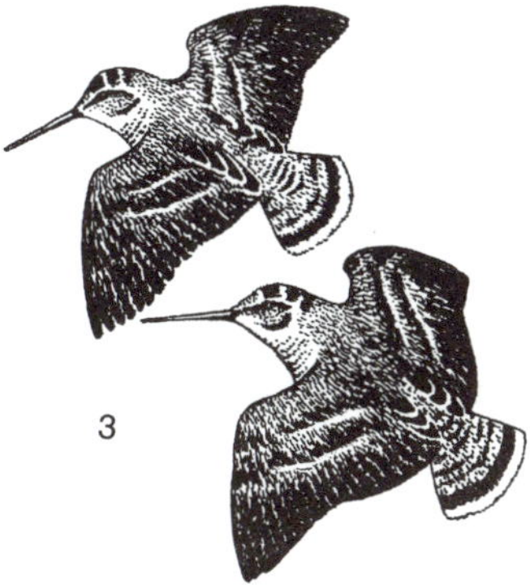

3

tête sont aplatis, si bien que les yeux sont placés de façon originale, permettant à l'oiseau d'avoir un champ visuel plus grand lorsqu'il se tapit au sol. Le long bec fonctionne comme des tenailles et sert à extirper la nourriture emprisonnée dans le sol meuble des forêts. Même lorsque le bec est enfoncé profondément dans le sol, la Bécasse des bois peut encore en ouvrir l'extrémité pour saisir sa proie.

Le Pigeon colombin est le seul membre de l'ordre des Colombiformes à nicher presque exclusivement dans des cavités d'arbres ou des nichoirs. Il préfère les bois non exploités de feuillus ou d'essences mixtes, mais s'installe parfois dans les grands parcs. L'abattage des vieux arbres renfermant des cavités est probablement la principale cause de sa régression partout sur son aire de répartition. Celle-ci couvre l'ensemble de l'Europe excepté l'extrême nord et la Grèce, et s'étend à travers l'Asie Mineure, l'Asie centrale et la Sibérie occidentale. Les oiseaux du nord et du centre de l'Europe migrent pour l'hiver vers le sud-ouest de la France et l'Espagne ; ils ont parfois été aperçus en train d'hiverner à des latitudes moins tempérées.

Le Pigeon colombin revient relativement tôt au printemps et attire l'attention par le roucoulement que le mâle émet pour séduire la femelle et marquer son territoire. La cavité prévue pour le nid est parfois tapissée sans grand soin de brindilles et de paille, mais parfois, les deux œufs blancs sont pondus directement sur le plancher (2). Pendant les dix premiers jours, les parents nourrissent les petits avec une substance rappelant du lait caillé, qu'ils sécrètent dans leur jabot. Puis, des quantités toujours plus importantes de graines trouvées dans les champs et en forêt sont incorporées au menu. Vers la fin de la période de nidification, les jeunes ne reçoivent plus que des graines, que les adultes humidifient et ramollissent dans leur jabot. Les jeunes forment leur plumage en moins d'un mois, époque à laquelle la femelle est déjà en train de couver une nouvelle nichée, si bien que le mâle est chargé de pourvoir à l'alimentation des jeunes issus de la première couvée.

1

Le Pigeon colombin est le plus petit membre appartenant au genre *Columba* en Europe. Son plumage est à dominante bleutée et gris-violet, avec un éclat métallique typique sur le cou (1). Le blanc sur les côtés du cou et le bord des ailes, typique du Pigeon ramier (3), et le croupion d'un blanc éclatant du Pigeon biset (4) ou de ses descendants domestiqués, sont absents chez le Colombin (5). En Europe, on pourrait le confondre avec le Pigeon biset uniquement en Méditerranée, où niche ce dernier. D'autre part, l'Europe est peuplée de Pigeons sauvages, qui peuvent s'orner des mêmes couleurs que le Colombin. Ces Pigeons nichent essentiellement en ville, mais font également des incursions dans les terres dégagées à la recherche de nourriture, dans les mêmes endroits que ceux fréquentés par le Colombin, accroissant encore les risques de confusion lors de l'identification.

2

Pigeon ramier
Columba palumbus

Voici le plus grand représentant de la famille des Columbidés en Europe. À la différence du Pigeon colombin, il s'est installé depuis quelques décennies dans les parcs et grands jardins citadins plantés de hauts arbres feuillus. Ce phénomène ne s'applique pas à toutes les populations, mais uniquement à celles vivant au centre et à l'ouest de l'Europe. Sinon, cette espèce peuple également les régions boisées à l'ouest de l'Asie et au nord-ouest de l'Afrique. Les oiseaux vivant dans des régions plus méridionales sont sédentaires, alors que ceux vivant plus au nord migrent régulièrement vers le sud-ouest de l'Europe (principalement Espagne et Portugal). Les oiseaux installés à des latitudes plus septentrionales, mais à proximité des villes où la nourriture est moins difficile à trouver, restent également sur place pendant l'hiver.

Tôt au printemps, les mâles commencent à lancer leur roucoulement guttural polysyllabique, qu'ils interrompent par des vols de parade ondulés (2). Le nid peut être construit à découvert, à la cime d'un arbre, mais les membres des populations citadines nichent même dans les corniches des bâtiments, à la façon des Pigeons sauvages domestiqués. Comme les autres membres de cet ordre, le Pigeon ramier pond deux œufs, dont la coquille d'un blanc pur indique que ses ancêtres ont probablement niché dans des arbres creux ou dans des fissures de rochers, endroits où les œufs n'avaient pas besoin de couleur de camouflage.

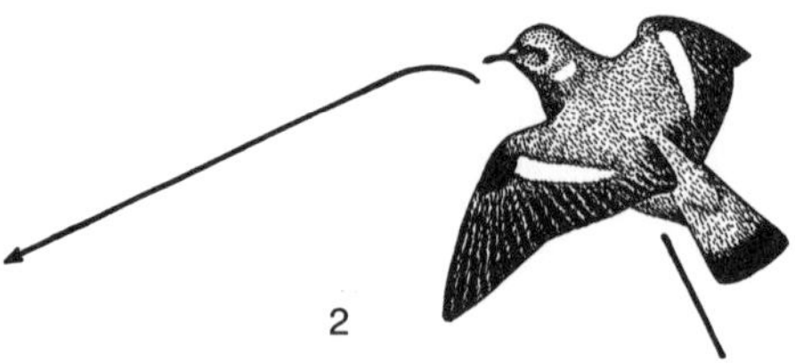
2

En vol ou au repos, le Pigeon ramier se reconnaît assez facilement aux bandes blanches très visibles ornant le bord des ailes repliées. De près, on remarque également des plumes blanches sur les côtés du cou. Le nid est lui aussi facile à identifier, car peu d'habitants des arbres sont d'aussi piètres architectes. Rien d'étonnant donc à ce que le nid ne résiste que le temps de la saison de

nidification. Les oisillons sont nus ; leur peau gris-bleu est recouverte par endroits de plumes jaunâtres ressemblant à du crin (1). Ils restent au nid pendant environ un mois, puis commencent à s'aventurer seuls, même si le mâle continue de leur apporter un peu de nourriture au voisinage du nid ; la femelle, elle, s'est déjà remise à couver.

Fine et petite, la Tourterelle des bois a une couleur sobre, mais élégante. Aux latitudes d'Europe centrale, elle est considérée comme le véritable annonciateur du printemps, car elle arrive fin avril début mai, alors que les Pigeons sauvages égaient déjà les bois depuis mars. La Tourterelle des bois a alors un long périple derrière elle, puisqu'elle passe l'hiver en Afrique, entre le Sénégal et l'Éthiopie, ou bien à l'ouest de l'Arabie; certains oiseaux restent dans la région méditerranéenne pour l'hiver. Une forte proportion d'oiseaux nichant dans les parties plus au sud de l'aire de répartition (Asie Mineure, Asie centrale, Europe méridionale) migrent encore plus loin vers le Sud, jusqu'en Afrique ou dans la péninsule arabe.

Dès qu'ils arrivent, les mâles commencent leurs roucoulements bien connus, dans le but d'attirer les femelles impatientes et de faire savoir aux autres mâles que tels buissons, ou telle partie de bois, sont déjà occupés par un membre de leur espèce. Le nid n'est pas construit à une très grande hauteur et on en rencontre parfois sur les arbustes. Les oiseaux préfèrent des branches touffues, qui assurent une meilleure protection aux œufs et aux oisillons. De minces brindilles servent de matériau de base à la construction du nid dont l'intérieur n'est pas tapissé. Exceptionnellement, les oiseaux emploient des matériaux inhabituels tel du fil de fer trouvé par terre. Les parents se relaient pour couver les œufs dont la période d'incubation dure une quinzaine de jours; deux semaines après l'éclosion, les jeunes sont déjà capables de voler. Parfois, les parents ont le temps de couver une seconde fois, mais dès la fin du mois d'août, ils repartent vers leurs quartiers d'hiver.

3

4

Les jeunes (1) ont une teinte moins riche et moins vive que les adultes (2) et ne possèdent pas encore de marques noires et blanches sur les côtés du cou. La Tourterelle des bois est légèrement plus grande qu'un Merle noir et a une teinte gris-brun clair. Lorsqu'elle survole rapidement la campagne dégagée, elle glisse d'une aile sur l'autre avec beaucoup d'aisance. Les oiseaux sont également très agiles pour manœuvrer à la cime des arbres. En vol, ils se caractérisent par leur queue brun-noir foncé, bordée de clair (3). Proche parente, la Tourterelle turque *(Streptopelia decaocto)* a un plumage à dominante grise avec une bande noire sur le cou et une large bordure blanche sous la queue (4). Cette Tourterelle fréquente surtout l'habitat humain.

Le Coucou-geai est un habitant typique des latitudes chaudes. En Europe, il niche uniquement dans la péninsule Ibérique, mais il peuple également la majeure partie de l'Afrique, ainsi que l'Asie Mineure et le Moyen-Orient. Il s'aventure rarement au centre et à l'ouest de l'Europe, où on ne manquerait pas de le remarquer.

Son mode de reproduction est le même que celui du Coucou gris. Dans les deux cas, on observe un phénomène de parasitisme des nids, car la femelle pond toujours dans le nid de parents adoptifs, auxquels incombe alors la tâche d'élever le jeune Coucou. Alors que le Coucou gris choisit les parents adoptifs en priorité chez les Passereaux insectivores, le Coucou-geai préfère les Corvidés. Il confie généralement ses œufs à un Corbeau, une Pie bavarde, une Corneille ou un Geai, mais tout Corvidé doit s'attendre à trouver dans son nid un ou plusieurs œufs de Coucou-geai. Comme ils ont la même voix que leurs frères adoptifs, les jeunes du Coucou-geai vivent en harmonie avec eux. À la différence du Coucou gris, le jeune Coucou-geai ne jette pas ses frères adoptifs hors du nid, car les parents Corvidés ramènent suffisamment de nourriture à l'intrus et à leurs propres petits, alors qu'un petit oiseau chanteur ne pourrait nourrir le Coucou gris en plus de ses oisillons.

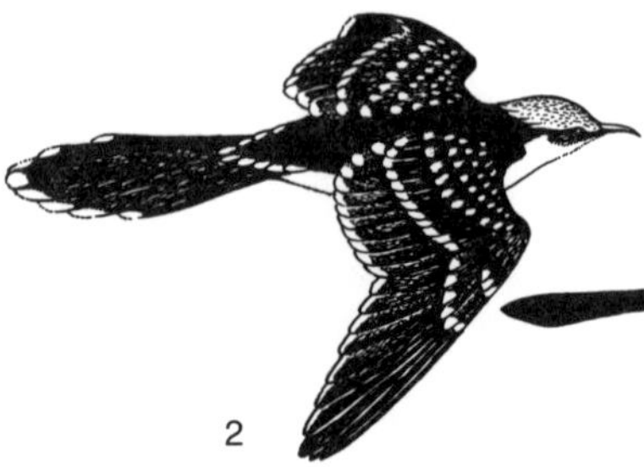
2

3

Un observateur peu attentif risque de confondre le Coucou-geai avec une Pie bavarde ou un Coucou gris. Le Coucou-geai est un peu plus grand que le Coucou gris et a une queue plus longue (1). Il a toujours le dessous du corps de couleur unie, mais s'orne de points blancs sur les ailes et à l'extrémité de la queue (2). Ces points ne forment jamais de grandes taches, comme celles typiques de la Pie bavarde (3), en vol ou au repos. Dans les airs, la Pie est un piètre concurrent du Coucou-geai, qui vole avec rapidité et légèreté et se glisse dans d'épais taillis avec une aisance étonnante. La voix du Coucou-geai ne ressemble en rien à celle du Coucou gris et rappelle plutôt le rire bavard de la Pie. Ces deux Coucous européens ont pratiquement le même régime alimentaire; le Coucou-geai chasse de grands arthropodes, mais les jeunes suivent le régime des Corvidés, à savoir des restes de charognes et de petits vertébrés apportés par les parents adoptifs.

Inutile de présenter le Coucou gris, car tout le monde le connaît, au moins par son cri, dont il porte le nom dans différentes langues. Hormis ce cri, chant d'amour du mâle, il est célèbre pour son habitude de pondre dans le nid d'autres oiseaux. Pendant la période de reproduction, la femelle s'accouple successivement avec plusieurs mâles et pond environ dix œufs à intervalle d'au moins deux jours. Elle pond généralement à terre, puis transporte l'œuf dans son bec jusqu'au nid d'accueil (1); il est rare qu'elle parvienne à pondre directement dans le nid des parents « adoptifs ». L'hôte le plus fréquent est un Passereau insectivore, mais on a enregistré plus de 100 espèces ayant accueilli un jeune Coucou gris. Parfois, bien sûr, l'élevage du jeune Coucou échoue du fait des différences de régime alimentaire avec les jeunes de la famille adoptive. Même lorsque l'œuf est déposé dans le nid d'un bon hôte, la bataille n'est pas gagnée pour autant. Les Passereaux peuvent remarquer la supercherie et soit rejeter l'étranger hors du nid, soit abandonner le nid et s'installer ailleurs. La période d'incubation dure environ 12 jours, c'est-à-dire moins longtemps ou autant que pour les œufs des parents adoptifs. Pendant les premiers jours de la vie, le jeune Coucou guidé par son instinct essaie de rejeter par dessus bord tout ce qui se trouve dans le nid, si bien que les autres œufs ou les oisillons échouent à terre. L'intérieur orange vif de son bec et ses cris plaintifs incitent les parents adoptifs à le nourrir aussi vite que possible (2). Son plumage pousse progressivement ; en un mois, il devient indépendant, et si c'est une femelle, elle pondra probablement ses œufs l'année suivante dans le nid de la même espèce que ses parents adoptifs.

2

Le Coucou gris a la même morphologie que la Tourterelle des bois, mais ressemble à un Épervier par la couleur. Par contre, il a la tête plus étroite que ce dernier et le bec droit. Les mâles sont toujours gris, mais il existe des variantes de couleur chez les femelles. Certaines sont brun rouille et non grises, mais les motifs du plumage ne varient pas.

Certains ordres d'oiseaux, dont les Cuculiformes, se caractérisent par des pieds de forme inhabituelle

1 ♀

(zygodactyles). Deux des doigts pointent vers l'avant, et les deux autres vers l'arrière (3), mais le doigt externe (le quatrième) peut être dirigé vers l'avant ou l'arrière à volonté. (Chez la grande majorité des oiseaux, trois doigts pointent vers l'avant et un seul vers l'arrière).

Le Coucou gris est un oiseau strictement migrateur. Il séjourne en Europe d'avril à septembre et passe l'hiver en Afrique centrale et australe, ainsi qu'au sud de l'Asie.

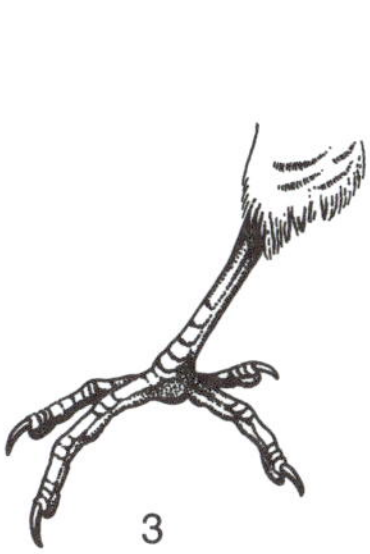

3

Hibou grand duc Hiboux et Chouettes
Bubo bubo *Strigidae*

Voici sans conteste le plus grand Strigidé d'Europe; le Harfang des neiges *(Nyctea scandiaca)* et la Chouette de l'Oural *(Strix uralensis)* sont légèrement plus petits. Cet oiseau puissant habite la majeure partie de l'Ancien Monde, mais est rarement très abondant. Il a disparu, ou presque, de la plupart des pays industrialisés d'Europe du fait de la destruction de ses sources de nourriture. Cependant, au cours des dernières décennies, des mesures strictes de protection ont permis de voir les populations quelque peu augmenter en Europe centrale et occidentale.

Le Hibou grand duc s'éloigne de plusieurs kilomètres de son site de nidification ou de son aire de repos pour aller chercher sa pitance. Son régime alimentaire n'est pas spécialisé et il chasse principalement les proies qui abondent et sont faciles à capturer. Dans les régions où il existe des plans d'eau riches en poissons, il se concentre surtout sur les oiseaux et mammifères aquatiques ; il peut effectivement prendre le dessus sur un Héron cendré, mais chasse plutôt les Canards, Foulques, rats musqués et rats d'eau. Dans les régions boisées, son régime comprend plus de grands rongeurs et des lièvres, mais il ne dédaigne pas pour autant les campagnols. Le hérisson est un mets de choix, et le Hibou le consomme en déchirant des morceaux de chair du ventre vers le dos. On a même lu parfois dans les journaux qu'un Hibou grand duc avait attaqué un chien en présence de son maître.

Le Hibou grand duc construit habituellement son nid dans les rochers, mais on trouve parfois les œufs à terre, ou dans un nid abandonné dans un arbre par un autre grand oiseau. La saison de nidification dure plus de trois mois et la femelle commence à pondre un à quatre œufs en février ou mars.

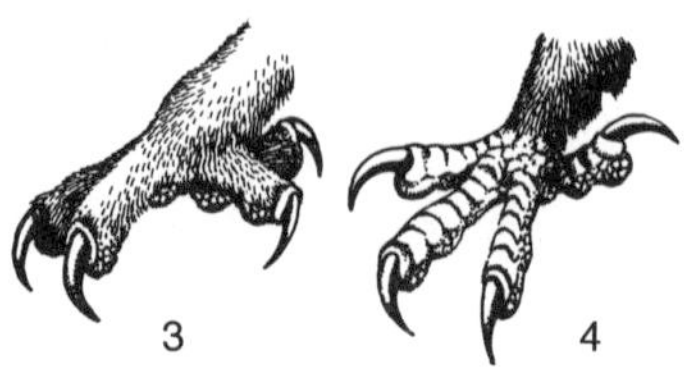

3 4

En plus de son allure majestueuse (1), le Hibou grand duc pousse un hululement profond et lugubre, émis par les deux sexes de la fin de l'automne au printemps. À la fin de l'hiver, pendant la parade nuptiale, ils hululent toute la nuit. Le plumage ne permet pas de distinguer mâles et femelles, mais comme chez d'autres Strigidés, la femelle est légèrement plus grande. Les jeunes passent de leur duvet blanc jaunâtre à un plumage ocre (2) alors

qu'ils sont toujours au nid. Même avant d'avoir acquis leurs plumes externes définitives, ils rampent souvent hors du nid, passent la journée cachés à proximité, et le soir, quémandent la nourriture auprès des parents. Les plumes des pattes et des pieds poussent lorsqu'ils sont encore au nid. La plupart des Strigidés ont des doigts plumeux (3), alors que chez les Rapaces, les plumes s'arrêtent à la base des doigts (4).

Le Hibou moyen duc est un habitant assez répandu des régions tempérées et froides d'Europe, d'Asie et d'Amérique. Il vit principalement dans les endroits boisés, où il trouve abri et lieux de nidification. En général, les oiseaux ne construisent pas leur nid, mais utilisent ceux abandonnés par les Corvidés, Rapaces et écureuils. Si les endroits pour nicher manquent dans les arbres, ils s'installent à terre, dans le creux d'un arbre ou dans un nichoir aux bonnes dimensions. L'instinct de reproduction se manifeste avant tout par une parade nuptiale comprenant de puissants hululements et des acrobaties aériennes impressionnantes. La femelle pond un œuf blanc tous les deux jours (4 à 7 au total), qui éclosent l'un après l'autre puisqu'elle couve dès le premier. Pendant cette période, la femelle quitte rarement le nid, garde les oisillons au chaud et leur découpe la nourriture en petits morceaux. Au début, le mâle assure l'approvisionnement régulier de la femelle et des petits, mais au fur et à mesure que les besoins alimentaires de la nichée augmentent, la femelle doit elle aussi aller chasser ; à ce stade, les jeunes sont déjà capables de découper eux-mêmes leur nourriture. Les parents et les oisillons se nourrissent de petits mammifères (surtout des campagnols) pouvant atteindre la taille d'un rat. À l'occasion, le Hibou moyen duc chasse de petits oiseaux, et à proximité de l'habitat humain, des Moineaux domestiques composent régulièrement son menu. Ce Hibou est très efficace pour lutter contre les animaux nuisibles et il est donc normal qu'il soit protégé dans la plupart des pays.

2 3

Le Hibou moyen duc a la même couleur que le Hibou grand duc. La similitude est renforcée par l'iris orange de ses yeux et la présence de longues aigrettes sur la tête (1, 2). Proche parent, le Hibou des marais *(Asio flammeus)*, niche au nord de l'Europe et rarement plus au sud. Cette espèce a un plumage plus clair, un masque facial sombre autour des yeux et des aigrettes à peine visibles (3). Il préfère les terres dégagées, prairies, tourbières et champs. En hiver, il apparaît en grand nombre en Europe centrale et occidentale, où il s'installe pour la saison froide.

Grâce à un plumage duveteux et au bord pectiné de leurs rémiges primaires (4) les Strigidés volent parfaitement silencieusement. Les proies sont incapables de les entendre approcher, même si elles ont une excellente acuité auditive.

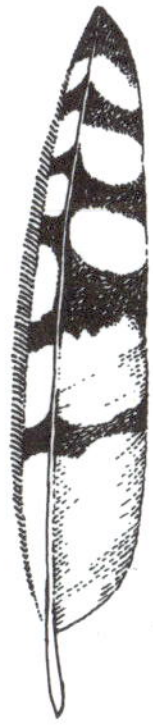

4

1

La Chouette épervière est un visiteur d'hiver occasionnel en Europe centrale et (moins souvent) occidentale. Elle niche dans les forêts de conifères et les toundras boisées du Canada, d'Asie et d'Europe septentrionale. Elle erre souvent assez loin de son territoire de nidification situé plus au nord, notamment quand la nourriture se fait rare.

Bien avant la fonte des neiges, les partenaires commencent à se faire entendre et à effectuer leur vol nuptial étonnant. La Chouette épervière est également active dans la journée, du fait de son adaptation aux longues journées de l'été arctique. Si elle chassait uniquement tôt le matin ou en fin de journée comme les autres Strigidés, elle n'aurait pas le temps, pendant la nuit polaire très courte, de trouver suffisamment de nourriture pour ses petits réclamant sans cesse à manger.

La femelle n'est pas particulièrement exigeante quant à l'endroit où elle pond et s'accommode aussi bien d'un trou spacieux que d'un grand nid abandonné. Les œufs sont d'un blanc pur et leur nombre varie selon les populations de petits rongeurs (campagnols, lemmings) qui composent une part essentielle de son menu pendant la période de végétation. Lorsque le sol est recouvert de neige, les mammifères sont moins abondants et la Chouette épervière se tourne vers les petits oiseaux. Les jeunes sont recouverts d'un duvet épais, dont ils changent une fois lorsqu'ils sont au nid. Ils acquièrent leur plumage définitif en un mois et commencent à voler peu après dans le voisinage ; à ce stade, les parents continuent de les nourrir. Les jeunes éclos en dernier sont toujours au nid, car la femelle, comme chez les autres Strigidés, commence à couver dès qu'elle a pondu le premier œuf.

2

Du fait de son activité diurne, de la couleur de son plumage et de sa queue anormalement longue, la Chouette épervière (1) ressemble un peu à l'Épervier d'Europe ou à l'Autour des palombes. Les longues plumes de sa queue améliorent sa manœuvrabilité lorsqu'elle chasse en volant dans la forêt dense (2). Dans la région quasiment non habitée où elle niche, elle n'a pas besoin

1

de se méfier des hommes et conserve cette confiance ou cette indifférence envers les observateurs humains jusque dans ses quartiers d'hiver. Autre raison pour laquelle on ne peut pas manquer de l'apercevoir : elle se repose et choisit ses postes d'observation à la cime des arbres ou sous des poteaux d'où elle porte des attaques fulgurantes sur ses proies.

Chouette chevêchette
Glaucidium passerinum

Cette Chouette est le plus petit membre de la famille en Europe. Elle niche dans des cavités ménagées dans de grands arbres (de préférence des conifères). À la fin de l'hiver, les partenaires commencent à s'apparier en émettant des sifflements mélodieux. Le mâle attire la femelle en venant s'installer plusieurs fois dans la future cavité. La femelle couve seule les 4 à 6 œufs, pendant que le mâle l'approvisionne en nourriture fraîche. Ce dernier est aussi très occupé à chasser pendant que les jeunes grandissent, car la femelle quitte rarement la cavité, ni son immédiate proximité. Il est facile de dire si un trou est occupé par une Chouette chevêchette à la présence de plumes, poils et pelotes de réjection accumulés au pied de l'arbre. En effet, la femelle nettoie le nid tous les jours et jette les « ordures » dehors. À l'âge d'un mois, les jeunes quittent le trou (à la différence des autres Strigidés, presque tous ensemble) et sont immédiatement capables de voler parmi les arbres avec aisance. Les parents les nourrissent encore pendant trois semaines, mais les jeunes essaient déjà de chasser par leurs propres moyens. En été, ils mangent surtout de petits mammifères (campagnols des champs, campagnols agrestes, mulots et musaraignes). En hiver, ils consomment de petits oiseaux, plus accessibles. La Chouette chevêchette chasse surtout tôt le matin et après la tombée du jour ; lorsqu'elle chasse le jour, c'est uniquement pour nourrir les jeunes. Si elle chasse plus qu'elle n'a besoin, elle stocke le surplus dans des trous, notamment en hiver.

2

La Chouette chevêchette habite les forêts de la taïga d'Europe et d'Asie, mais peuple aussi les forêts de montagne à des latitudes plus méridionales. Elle a à peu près la taille d'une Grive musicienne, et est capable d'attraper des proies aussi grosses qu'elle (1). Elle n'a pas peur de l'homme, mais on la rencontre rarement dans la journée car elle se cache dans la végétation dense. Le matin et le soir, elle vole de son site de nidification à ses postes

1

d'observation favoris, d'où elle surveille ses proies (2). Ses attaques sont très rapides et elle peut s'emparer d'une proie en plein vol. Certains oiseaux vivant dans la partie la plus septentrionale de l'aire de répartition migrent au sud en hiver, alors que d'autres vivant en haute montagne descendent à des altitudes plus basses. Cependant, la majorité ne s'éloigne pas beaucoup des lieux de nidification.

Les études concernant l'aire de répartition exacte de certains Strigidés européens restent encore à compléter. C'est le cas pour la Chouette de Tengmalm. On suppose que son aire de répartition s'est étendue ces dernières décennies et que simultanément, les populations se sont développées dans leurs contrées d'origine. La Chouette de Tengmalm habite les forêts de conifères des régions les plus froides de l'Ancien et du Nouveau Monde ; des populations reliques ayant survécu à l'ère glaciaire vivent également dans certaines régions plus au Sud. En Europe occidentale (France), où les conifères sont insuffisants, elle vit également dans les forêts de feuillus. C'est une Chouette forestière typique, que l'on rencontre rarement ailleurs que dans les forêts continues et qui, même en hiver, s'éloigne peu de son site de nidification. Le début de la saison de reproduction est marqué par les hululements répétés du mâle, qui encourage la femelle « à fonder un foyer » en effectuant des visites répétées dans une cavité et en la remplissant régulièrement de proies (surtout de petits rongeurs sylvicoles). Il attrape relativement peu d'oiseaux et chasse uniquement la nuit. Cette Chouette niche habituellement dans des cavités d'arbres, mais accepte volontiers un grand nichoir ; l'installation de ces derniers a eu un effet positif sur les effectifs des populations locales. Les soins prodigués aux jeunes incombent exclusivement à la femelle, mais le mâle doit fournir l'approvisionnement en nourriture. Les jeunes quittent le nid à l'âge de cinq semaines, mais pendant quelques semaines supplémentaires, sont encore nourris par les parents à proximité du nid.

2

Par la taille et la couleur, la Chouette de Tengmalm (1) ressemble un peu à la Chouette chevêche (*Athene noctua*), plus connue. Toutefois, cette dernière est dépourvue des plumes typiques autour des yeux, a des couleurs moins vives et, vue de près, a les doigts et les pattes recouverts de plumes épaisses. De même, les deux espèces diffèrent par

leur comportement. La Chouette de Tengmalm s'envole directement (3) et se pose en silence, alors que la Chouette chevêche volette et ondule, et après s'être posée, étire et replie les pattes (de même lorsqu'elle est excitée). Chez la Chouette de Tengmalm, les jeunes et adultes sont faciles à distinguer par leur plumage ; les adultes sont marron foncé et ont le dos orné de taches claires, alors que les jeunes sont fauves et non tachetés (2).

Voici l'un des Strigidés les plus communs d'Europe centrale et occidentale. Elle ne montre pas d'exigences écologiques particulières et vit donc aussi bien au nord-ouest de l'Afrique qu'en Sibérie occidentale; des populations isolées habitent en Asie centrale et orientale. La Chouette hulotte peuple différents types de forêts et vit aussi en ville, dans les parcs et grands jardins. Pendant l'incubation et l'élevage des jeunes, elle se comporte assez discrètement, si bien qu'elle peut passer inaperçue jusqu'au moment où la famille quitte le nid. À ce stade et surtout après, les membres du groupe familial se comportent très bruyamment, notamment les jeunes qui, de la cime des arbres, appellent constamment leurs parents pour être nourris.

La parade, qui débute en décembre ou janvier, selon le froid, consiste en hululements rythmés et acrobaties aériennes. La femelle pond dans des cavités, des nids abandonnés par de grands oiseaux, des nichoirs et, en ville, dans les combles des immeubles et sous les toits. La nidification débute assez tôt au printemps, si bien que la femelle reste presque constamment avec les œufs et les jeunes pour les réchauffer. Elle ne vole hors du nid que pour recevoir la nourriture du mâle, éliminer les excréments et expulser les aliments non digérés qu'elle gardait dans son bec (de nombreux oiseaux carnivores et insectivores font de même une à plusieurs fois par jour). La forme, composition et taille de ces pelotes de réjection, sont généralement typiques de l'espèce. Chez la Chouette hulotte, les pelotes (4) contiennent principalement des restes de petits rongeurs et insectivores, en moindre proportion des restes d'oiseaux (généralement de Moineaux), et seulement occasionnellement, les restes d'amphibiens, reptiles et grands vertébrés.

2 3

Probablement aucun Strigidé n'a un plumage aussi varié que la Hulotte. La couleur de base est soit le gris, en différents tons (1), soit le brun, de l'ocre au roux-brun foncé (2). Entre ces deux extrêmes, il existe une large gamme de teintes intermédiaires. Toutefois, ces différences ne sont visibles que lorsque l'oiseau possède sa livrée adulte. Les jeunes ont une couleur unie, même si

1

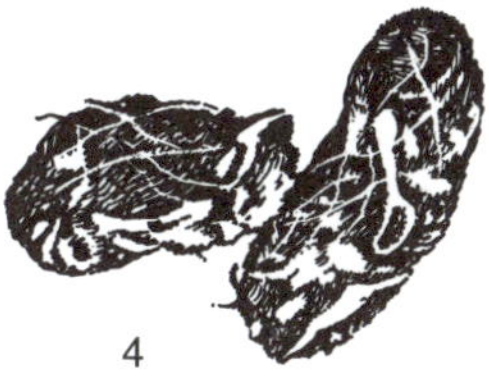

4

elle évolue avec l'âge. Chez les Strigidés, tous les oisillons ont deux épaisseurs de duvet. Les jeunes Chouettes hulottes sont d'abord toutes blanches, mais chacune de leurs plumes de duvet est ornée d'une barre noire (3). Leur plumage définitif, teinté de différentes nuances, ne pousse guère avant qu'elles soient prêtes à quitter le nid.

C'est l'un des plus gros Strigidés d'Europe. Elle niche dans les forêts anciennes composées d'essences mixtes ou de feuillus (souvent dans les hêtraies). Pendant l'élevage des jeunes, elle quitte rarement la forêt, mais le restant de l'année, elle chasse à proximité sur les terres dégagées, où on la rencontre assez souvent. Ce comportement est confirmé par les analyses d'aliments ingérés, dans lesquels prédominent de petits mammifères sylvicoles au printemps et en été, alors qu'en automne et en hiver, on constate une augmentation de la proportion d'animaux vivant sur les terres non boisées (campagnols, mulots). La Chouette de l'Oural consomme relativement peu d'oiseaux et d'oisillons, et les principaux animaux qui composent son menu sont en général plus petits que ce à quoi on pourrait s'attendre chez une Chouette de cette taille.

La Chouette de l'Oural hulule toute l'année (parfois même dans la journée), mais avant l'arrivée du printemps, le mâle ne s'interrompt pratiquement pas, pendant que la femelle lui répond par des cris rauques. Les deux ou trois œufs sont généralement pondus dans de vieux nids installés à ciel ouvert dans les arbres. La plupart des soins donnés aux œufs et aux jeunes incombent à la femelle, qui ne retourne guère chasser avant que les jeunes aient quasiment achevé leur croissance ; le mâle est alors incapable d'approvisionner toute la famille. Les jeunes rampent hors du nid sur les branches avoisinantes avant d'avoir toutes leurs plumes. Si par mégarde l'un d'entre eux tombe du nid, il est capable d'y regrimper en s'aidant de son bec et de ses griffes et en battant de ses ailes incomplètement développées.

Cette Chouette vit dans les régions froides d'Europe et d'Asie, mais des populations reliques remontant à l'ère glaciaire peuplent les Carpates, les Balkans et les montagnes de Yougoslavie.

2

La Chouette de l'Oural existe également sous deux couleurs, l'une gris blanchâtre et l'autre ocre-brun ; elle donne toujours l'impression d'être plus claire que la Chouette hulotte. Son masque facial particulier est un bon critère d'identification (1). Elle a pratiquement la même taille que le Hibou grand duc, mais se distingue des autres grands Strigidés d'Europe par sa queue plus longue, très nette en vol (3). Hormis sa taille, elle diffère de la Chouette hulotte par les bandes blanches sur sa queue et son bec jaune clair (2). Le premier duvet de la Chouette de l'Oural a une teinte rousse typique, et le second s'orne de motifs en zigzag.

3

1

L'Engoulevent d'Europe, membre de la famille du même nom répartie dans les régions chaudes de l'Ancien et du Nouveau Monde, est un chasseur nocturne. Il niche dans la plupart des pays d'Europe, d'Asie et au nord-ouest de l'Afrique. Il hiverne également en Afrique, au sud du Sahara, et quitte ses lieux de nidification situés plus au nord en septembre et octobre. Il préfère nicher dans les forêts s'ouvrant sur des clairières, mais ne dédaigne pas l'orée des bois, ni même la campagne quasiment dépourvue de peuplements forestiers continus. Il ne construit pas de nid et les deux œufs tachetés sont pondus à même le sol ; ils éclosent en un peu moins de trois semaines. Lorsque les jeunes sont secs, ils sont recouverts d'un duvet aux couleurs discrètes. Après quelques jours, ils peuvent déjà gambader près du nid, qu'ils quittent à l'âge de 18 jours. Les parents continuent de les nourrir pendant encore deux semaines. Excepté dans les régions les plus septentrionales de son aire de répartition, l'Engoulevent d'Europe niche deux fois par an, et si les premiers œufs sont détruits, il pond toujours une seconde couvée de remplacement.

L'Engoulevent chasse après le crépuscule et attrape en vol des insectes nocturnes dans son bec largement ouvert. Les mouches, coléoptères et mites sont ses proies de prédilection. Parfois, il se lance à la poursuite des insectes à partir d'un poste d'observation.

4

L'Engoulevent d'Europe a approximativement la même taille que la Tourterelle des bois. Pendant la journée, il se repose au sol ou sur de grosses branches, car ses doigts sont trop courts et trop faibles pour lui permettre de se percher normalement (1). Il est si bien camouflé par sa couleur qu'il est presque invisible, à moins qu'il ne s'envole brusquement sous vos pas. Comparé à la femelle, le mâle a des zones claires sur les ailes et la queue, particulièrement visibles en vol

1

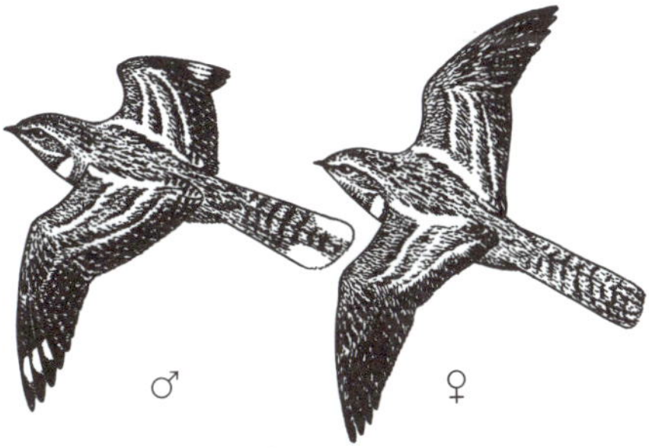

2

3

(2). Un examen plus détaillé (en tenant l'oiseau dans la main) permet de déterminer le sexe à partir des dessins et de la couleur des rectrices externes (3). Les mandibules sont courtes, mais peuvent s'ouvrir très grand; elles sont entourées de plumes filiformes qui facilitent la capture des insectes volants (4).

C'est le seul membre de la famille des Rolliers à nicher en Europe; les autres espèces vivent principalement dans les régions plus chaudes d'Afrique et d'Asie. Il n'y a pas encore si longtemps, le Rollier d'Europe nichait fréquemment en Europe occidentale, mais le nombre d'individus et de sites de nidification occupés a diminué de manière drastique et dans certaines régions, l'espèce a totalement disparu. Ce phénomène peut s'expliquer de différentes façons, mais l'évolution de l'agriculture et la réduction du nombre d'arbres renfermant des cavités pour nicher en sont probablement les principales causes. Le Rollier d'Europe affectionne les grands parcs et les vieux bois clairs dans lesquels il trouve des espaces ouverts où il chasse de gros insectes ou de petits vertébrés. Pour la nidification, il recherche des cavités relativement grandes et ne s'accommode d'un terrier ou d'un trou de rocher que dans les cas extrêmes. Un moyen de protéger cette espèce et d'augmenter l'effectif des populations consiste à installer des nichoirs, que le Rollier investit généralement sans problèmes. Comme c'est un cavernicole, il pond 2 à 5 œufs d'un blanc pur. Les oisillons éclosent nus; vers la fin de la nidification, ils émettent presque sans discontinuer un piaulement typique.

À l'automne, l'instinct migratoire marqué du Rollier d'Europe l'incite à s'envoler vers les savanes du sud-est de l'Afrique, où sont installés ses principaux quartiers d'hiver. Certains préfèrent la région autour du golfe de Guinée, alors que d'autres choisissent la pointe sud du continent africain.

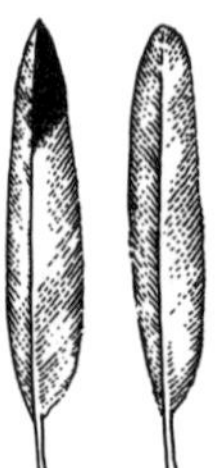

3

Le plumage exotique bleu et brun du Rollier d'Europe (1, 2) trahit les origines de cet oiseau du Sud. Il atteint la taille d'un Choucas, mais est plus fin. Il aime se percher sur les poteaux et fils électriques, ou en d'autres endroits stratégiques d'où il peut surveiller la campagne environnante, ce qui explique qu'on puisse le voir assez facilement. Les adultes des deux sexes ont la même couleur, qui change selon l'époque de l'année; au printemps, le plumage est plus clair et les couleurs plus vives qu'en septembre et octobre, période de migration. Les jeunes ressemblent aux parents en ce qui concerne la morphologie et la couleur sombre du dos, mais le reste du plumage est brun blanchâtre et ne prend une teinte vive que lorsque les oiseaux sont arrivés à leurs quartiers d'hiver. Les individus n'ayant pas encore un an se distinguent des oiseaux plus âgés par les rectrices ; chez ces derniers, elles s'ornent d'une tache sombre et sont plus pointues (3).

2

1

Huppe fasciée
Upupa epops

Huppe
Upupidae

L'ordre des Coraciiformes (Rolliers, Guêpiers et Huppe) se caractérise par une grande diversité. En plus du Rollier d'Europe, il compte la Huppe fasciée, oiseau qui aime lui aussi la chaleur, même s'il habite la majeure partie de l'Eurasie. Certaines personnes se souviennent avec nostalgie de l'époque où les Huppes étaient encore nombreuses en Europe centrale et occidentale. Malheureusement, comme le Rollier d'Europe, la Huppe fasciée est en train de disparaître rapidement du fait de la réduction des possibilités de nidification et des sources de nourriture. Les pesticides et la culture intensive du moindre petit lopin de terre ont limité les populations d'insectes qui composaient le menu de cet oiseau.

La Huppe fasciée niche dans les prairies et les pâturages plantés d'arbres isolés. Elle peut même nicher dans les environs d'un bois clair, mais doit toujours avoir la possibilité de chasser dans la campagne découverte, et de trouver des cavités pour élever sa famille. Comme les trous d'arbres se raréfient, elle se contente souvent d'un trou dans le sol ou dans un tas de pierres qu'elle aura ramassées dans les champs. Les œufs sont couvés pendant environ 16 jours par la femelle, alors que le mâle est chargé de ramener la nourriture; les deux parents s'occupent des jeunes. On dit que le nid de la Huppe fasciée dégage une odeur nauséabonde parce que les parents n'éliminent pas les fientes des petits. Or, les jeunes expulsent leurs déjections par l'ouverture du nid ; l'odeur provient en fait d'une substance sécrétée par les glandes uropygiennes des jeunes et de la femelle, dont l'odeur a pour but d'éloigner les ennemis potentiels.

2

La Huppe fasciée n'est pas plus grande que la Tourterelle des bois, mais elle ne passe pas inaperçue avec son long bec effilé et sa huppe érectile qu'elle redresse et abaisse pendant la saison de reproduction ou lorsqu'elle est excitée. Le plumage brun orangé, quadrillé de noir et blanc, est unique parmi les oiseaux d'Europe et facilite son identification, même à une distance très éloignée (1, 3). Le mâle ne se

1

3

distingue de la femelle que lorsqu'on l'observe de près : il a des couleurs plus éclatantes. Les jeunes recouverts de leurs nouvelles plumes ont le bec plus court que les parents, mais sont de même couleur que la femelle. Si elle est prise par surprise, la Huppe fasciée se fige parfois sur place, dans une position où elle ressemble plus à un bout de chiffon aux couleurs vives qu'à un oiseau (2).

Le Pic noir est un des membres les plus connus de l'ordre des Piciformes. Il est souvent représenté dans les livres pour enfants, si bien que nous grandissons souvent avec son image fermement ancrée dans nos esprits. Le Pic noir est parfois connu sous le nom de « docteur des bois », car il inspecte avec soin l'écorce des arbres et diagnostique avec précision la présence d'insectes lignicoles. Il tue sa proie de quelques coups de bec puissants, ou l'extirpe de son étroite galerie à l'aide de sa longue langue terminée par de petits crochets. Il mange surtout des coléoptères vivant dans le bois (adultes et larves) et des fourmis. À l'occasion, il consomme aussi des chenilles et des escargots, et visite les arbres déjà perforés par d'autres Pics, sur lesquels il lèche la sève qui dégouline.

Le bec du Pic lui sert non seulement à se nourrir, mais aussi à forer des cavités dans les arbres pour nicher. Il peut choisir le tronc d'un arbre en parfaite santé, mais pour des raisons pratiques, préfère des arbres malades ou endommagés, sur lesquels le travail est moins pénible. Le forage de la cavité, auquel participent les deux partenaires, peut prendre de deux à quatre semaines. Le besoin de creuser ces trous est si pressant que les oiseaux en forent parfois plusieurs et n'en choisissent qu'un pour nicher. Les cavités inachevées ou abandonnées sont utilisées par d'autres oiseaux forestiers cavernicoles qui sont incapables de creuser eux-mêmes un trou.

2

3

Le Pic noir est le plus grand, mais aussi le plus sobrement coloré des Picidés d'Europe. Le plumage uniformément noir du mâle est égayé par une calotte rouge vif ; la femelle ne possède qu'un point rouge (1). Les oiseaux n'acquièrent leur plumage noir luisant que la seconde année; les jeunes sont brun-noir, mais les mâles ont déjà plus de plumes rouges sur la tête que les femelles. Il est également possible de déterminer l'âge des individus en

1 ♀

observant le bec terminé par une tache noire chez l'adulte (les jeunes ont un bec entièrement blanc jaunâtre).

Les Pics d'Europe se caractérisent par un vol ondulé, mais le Pic noir vole en ligne droite, avec un lent mouvement d'ailes. Il se distingue de la Corneille mantelée ou noire (3) par son long bec et sa queue cunéiforme (2).

Pic épeiche Pics

Dendrocopos major — *Picidae*

Voici l'un des plus grands membres du genre *Dendrocopos*, qui comprend des oiseaux aux couleurs éclatantes, vivant en étroite relation avec l'écorce des arbres. Cette espèce peuple l'ensemble des régions boisées d'Europe et d'Asie, où elle existe sous forme de deux sous-espèces différant légèrement l'une de l'autre. Les mauvaises années, les oiseaux venus du Nord envahissent parfois l'Europe centrale et occidentale. Le Pic épeiche n'a pas d'exigences particulières et se rencontre dans des peuplements forestiers plus ou moins anciens de différents types, situés à altitude variable. Le nid est creusé dans un grand arbre. Comme les autres Pics, celui-ci préfère les troncs endommagés et ne creuse dans les arbres sains qu'en dernière extrémité. Les partenaires fournissent un travail intense pendant 2 à 3 semaines avant que la femelle puisse commencer à pondre. La cavité n'est pas garnie à l'intérieur et les 5 à 6 œufs blancs reposent sur la poussière et les éclats de bois rejetés lors du forage. Les jeunes en pleine croissance sont très bruyants et l'un d'eux pointe toujours la tête hors du trou pour voir si les parents rapportent de la nourriture. Au printemps, les oiseaux consomment surtout des insectes, notamment des pucerons, choix étonnant compte tenu de la taille de l'oiseau adulte. En automne, leur menu se compose plus de graines et de baies. Le Pic coince les cônes de pins et de sapins dans une fente d'écorce, sur le tronc ou une souche, puis il décortique les écailles (sporophylles) pour en extraire les graines. Les oiseaux effectuent toujours ces deux opérations au même endroit.

4

Le trait le plus caractéristique du Pic épeiche est la couleur rouge profond de ses sous-caudales, qui contraste vivement avec le plumage blanc du ventre. La femelle adulte est dépourvue

de calotte rouge (2), mais le mâle a une petite tache occipitale rouge (1) et chez les jeunes, l'ensemble de la calotte et l'arrière de la tête sont rouge orange (3).

Les différentes espèces européennes du genre *Dendrocopos* se distinguent par leur taille, les taches sur le cou et le dos, et la couleur de la calotte. La figure 4 (à partir de la gauche) montre un Pic mâle à dos blanc *(Dendrocopos leucotos)*, un Pic épeiche, un Pic syriaque *(D. syriacus)*, un Pic mar, un Pic épeichette et un Pic tridactyle. Ces oiseaux partagent tous les mêmes mœurs, habitudes alimentaires et mode de nidification, mais leurs aires de répartition et leurs habitats sont différents. Tous les Pics sont sédentaires, mais au cours de la première année, les jeunes vagabondent beaucoup, à la recherche d'un endroit pour installer leur futur nid.

Son aire de répartition est nettement plus réduite que celle du Pic épeiche, et même là où il vit, il demeure assez rare. Il peuple l'Europe centrale, occidentale et méridionale et de là, l'Asie Mineure, l'Irak et l'Iran. Il choisit toujours en priorité les bois de feuillus : inutile de le chercher à haute altitude dans les plantations de conifères. Son amour de la chaleur et une réduction de la superficie des forêts expliquent pourquoi il s'est retiré de son aire d'origine pendant la période de glaciation. Certains oiseaux ont survécu dans la péninsule Ibérique, et d'autres au sud-est de l'Europe. Comme le climat s'est ensuite réchauffé, les populations orientales, notamment, ont commencé à se répandre vers le nord-ouest, jusqu'à rejoindre leur territoire d'origine. Hélas, au cours de ce siècle, on a de nouveau enregistré une régression du Pic mar, notamment en Europe centrale et occidentale. Comme dans le cas d'autres cavernicoles, la cause principale est l'abattage des forêts anciennes de feuillus (notamment au bord des cours d'eau) et leur remplacement par des peuplements de pins et de sapins. Il ne s'agit donc pas là d'une réduction des facilités de nidification, mais de la disparition de l'habitat du Pic mar, oiseau « programmé » pour vivre dans des bois de feuillus.

Le Pic mar fore ses cavités de nidification dans les troncs très endommagés par le climat ou les insectes. À la différence des autres Pics, il se nourrit surtout d'insectes qu'il prélève à la surface de l'écorce ou qu'il extirpe des fissures superficielles : il attrape rarement ses proies en profondeur dans le bois.

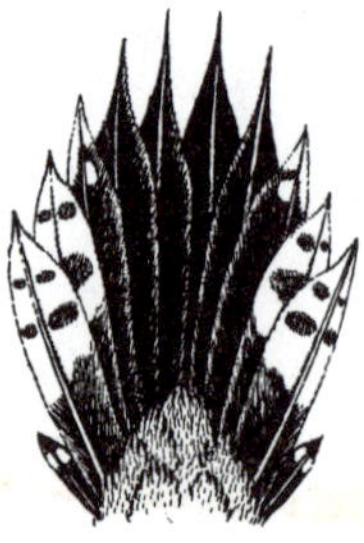

2

3

Le Pic mar se reconnaît immédiatement à sa calotte rouge, qui est de même teinte chez les jeunes et les adultes. D'autres traits importants pour l'identification sont la couleur rose de son ventre, les stries foncées sur les flancs, et les taches noires discontinues sur les joues et le cou (1). Aucune des particularités mentionnées ci-dessus n'est présente chez le Pic épeiche, auquel ressemble beaucoup le Pic mar. Ce dernier est lui aussi sédentaire et en

hiver, on l'aperçoit sur les mangeoires, où il montre une attirance marquée pour les graines de tournesol et la graisse.

La plupart des Pics ont les plumes de la queue d'une forme typique, qu'ils utilisent comme appui pour grimper (ce qu'ils font toujours tête en haut) et comme ressort pendant le tambourinage. Les figures 2 et 3 montrent respectivement la queue du Pic épeiche et celle du Pic mar.

Voici le plus petit des Pics européens. À la différence des autres membres de la famille, il consomme moins de graines, même en hiver, lorsqu'elles permettent aux oiseaux de survivre. Pendant la saison hivernale, le Pic épeichette continue de chercher des invertébrés aux stades larvaires, principalement dans les couches superficielles du bois ou de l'écorce. Son bec étant moins puissant, il s'attaque uniquement au bois ou aux plantes herbacées à tige épaisse abîmés. Son menu se compose essentiellement de larves, nymphes et adultes de coléoptères, le reste consistant en lépidoptères, mouches et araignées aux différents stades de développement.

Les deux partenaires construisent le nid (la femelle travaillant habituellement plus que le mâle) dans un tronc pourri ou une grosse branche endommagée, et presque toujours dans un arbre à feuillage caduc. Ils apprécient la proximité d'eaux stagnantes ou non, mais fréquentent rarement les hautes altitudes, surtout pendant la période de reproduction. Certains couples pratiquent une forme de division du travail lors du nourrissage des jeunes : la femelle apporte une grande partie de la subsistance, pendant que le mâle surveille les petits, prend les aliments rapportés par la femelle à l'extérieur du nid, pour les donner à l'intérieur aux jeunes affamés. En plus des larves et des chenilles, les jeunes consomment une grande quantité de pucerons, que les parents recueillent sur les feuilles et à l'extrémité des branches.

3

Le Pic épeichette mesure à peu près la taille d'un Moineau, mais déploie les couleurs caractéristiques d'un Pic. On le reconnaît à ses stries noires et blanches sur le dos et les ailes, très visibles en vol (3). Ni le mâle, ni la femelle n'ont de dessins rouges ou roses sur le ventre, et la femelle est dépourvue de rouge sur la tête (1). Les jeunes ressemblent aux adultes, hormis leur ventre brunâtre et la calotte légèrement rouge des jeunes mâles (2). Le Pic épeichette a un comportement un peu différent des autres Pics. Il ne grimpe pas autant que les autres et trouve sa nourriture sur les branches. Parfois, il se laisse pendre au bout d'une pousse terminale à la manière d'une Mésange bleue, le dos dirigé vers le sol.

Pic tridactyle — Pics
Picoides tridactylus — *Picidae*

Les spécialistes ont classé ce Pic dans un genre différent des autres espèces, alors qu'un examen même superficiel montre de nombreuses similitudes avec les autres Pics. Toutefois, le Pic tridactyle ne vit que dans les forêts de conifères (essentiellement d'épicéas). Il niche dans la taïga s'étendant de la Scandinavie à l'océan Pacifique et de là, dans des peuplements forestiers semblables en Amérique du Nord. En Europe, il est sédentaire, et vit non seulement dans le nord, mais aussi plus au sud dans les Alpes, les Carpates et les Balkans. Il est probable que ces sites de nidification remontent à l'ère glaciaire, lorsque des espèces typiquement boréales se retirèrent vers le sud en suivant les forêts de conifères. Lorsque la glace disparut et que la température se réchauffa, les oiseaux, trouvèrent en montagne des conditions identiques à celles régnant au nord. Les Pics tridactyles nichant en Europe centrale errent aussi dans les pays limitrophes (Allemagne, France, nord de l'Italie), mais on les rencontre rarement plus au sud, car ils ne quittent pas leur région d'origine même pendant les saisons les plus rigoureuses. Ceci est d'autant plus intéressant que leur régime alimentaire ne se compose ni de plantes, ni de graines. En hiver, il est clair qu'ils se nourrissent de coléoptères lignicoles, dont les nymphes et les larves vivent en profondeur dans le bois quand la végétation n'a pas repris; ils complètent ce menu par des chenilles et des nymphes de lépidoptères sylvicoles. Les années où les parasites (notamment les scolytes) pullulent, les oiseaux habituellement solitaires se regroupent autour de cette source de nourriture abondante.

2 ♀ 3 ♀

Le Pic tridactyle a quasiment la même taille que le Pic à dos blanc ou le Pic épeiche, mais les adultes n'ont aucune trace de rouge dans le plumage. Le mâle a une calotte jaune (1), celle des femelles étant tachetée de noir et blanc (3), alors que la femelle du Pic à dos blanc a une calotte noire unie (2). Les flancs du Pic tridactyle sont barrés de stries sombres, et le blanc n'est pas très

1 ♂

4

présent sur les ailes. Lorsqu'il vole au travers d'une forêt peu claire, il ressemble à un oiseau au plumage sombre. Ce Pic n'a que trois doigts (4), qu'il utilise pour grimper, l'un étant dirigé vers l'arrière et les deux autres vers l'avant. Les oiseaux aux pattes adaptées pour la course possèdent aussi trois doigts, mais tous orientés vers l'avant.

En Europe, il existe deux Pics dont le plumage est à dominante verte et grise. L'un est le Pic cendré, dont on pense qu'il a commencé à se répandre vers l'ouest jusqu'en Europe après l'ère glaciaire. Jusqu'à présent, il a atteint toute l'Europe centrale, le nord de la France et la Scandinavie, mais est toujours absent dans la péninsule Ibérique et le nord-ouest de l'Europe. Il est fort probable que son aire de répartition augmente dans les années à venir. Il peuple une grande partie de la zone tempérée d'Eurasie, où il préfère les vieilles forêts mixtes ou de feuillus. Il apparaît plus sporadiquement que le Pic vert en montagne, où il fréquente aussi la lisière des forêts de conifères. Pendant l'hiver, les oiseaux âgés ne quittent pas leurs sites de nidification, mais les jeunes visitent les environs, à la recherche d'un territoire où ils pourraient s'installer. En général, ils ne s'éloignent pas de plus de quelques dizaines de kilomètres du site de nidification des parents.

Les adultes s'accouplent relativement tôt au printemps et attirent l'attention par leur comportement : ils se poursuivent du haut en bas des troncs, volent d'un arbre à l'autre et tambourinent fortement sur les branches ou même sur des morceaux de métal. Ils creusent toujours une cavité pour nicher, de préférence dans un arbre qui a déjà commencé à pourrir. Les jeunes passent leur tête hors du trou, pendant que les parents restent dehors pour les nourrir un à un.

Le mâle adulte du Pic cendré a des plumes rouges uniquement sur le front (1, 3) ; la tête de la femelle est entièrement grise (2). Identiques, les Pics verts adultes ont le cou jaune verdâtre. La tache rouge sur la tête est plus grande et chez les mâles, s'étend jusqu'à l'arrière du cou ; elle est nettement visible en vol (4).

Les jeunes naissent nus et aveugles ; leurs pieds sont protégés par des callosités (5) pour éviter les blessures, car la cavité n'est pas tapissée de matériaux fins, hormis un peu de poussière et quelques éclats de bois.

Pic vert
Picus viridis

Le Pic vert est probablement originaire des forêts européennes, et ne s'est répandu que de façon marginale vers les régions les plus occidentales d'Asie. On le rencontre le plus souvent dans les contrées où alternent vieux bois et terrains découverts, mais aussi dans les parcs et les jardins (présentant les mêmes caractéristiques). La présence humaine ne le dérange pas, par contre il se détourne des forêts continues denses et des jeunes peuplements forestiers qui ne fournissent pas assez de possibilités pour nicher et se nourrir.

Son instinct de bâtisseur est moins développé que celui du Pic noir et lorsqu'il a foré une cavité, il la réutilise plusieurs années de suite. La femelle pond environ six œufs qui incuberont 15 à 17 jours. Les œufs fraîchement pondus sont d'un blanc pur brillant et brunissent au contact de la sciure de bois sur laquelle ils reposent. Les jeunes doivent rester au chaud pendant une semaine, car leur propre système de thermorégulation ne fonctionne pas encore parfaitement. Mais ils grandissent très vite et sont entièrement recouverts de plumes et quittent le nid à l'issue d'un mois. Les parents continuent de les alimenter pendant quelques jours encore, puis la famille se sépare. Le Pic vert se nourrit surtout de différentes espèces de fourmis qu'il déterre des fourmilières, même en hiver. Il consomme très peu d'autres petits invertébrés et ne mange des fruits qu'exceptionnellement.

2 ♀

3

Le mâle du Pic vert (1) se distingue de la femelle (2) par la couleur de la moustache à la base du bec. Les jeunes (3) s'ornent en général de couleurs moins vives et ont le ventre entièrement barré de stries sombres. Lorsqu'ils quittent le nid, on distingue mâles et femelles par les plumes rouges ou sombres de leur moustache.

1 ♂

4

Tous les Pics ont une longue langue terminée par de petits crochets. Dans le cas du Pic vert et du Pic cendré, elle peut sortir de 10 cm hors du bec. Une langue aussi longue réclame un os hyoïde massif. Chez les Pics, cet os s'enroule autour du crâne et traverse les narines jusqu'à la base de la mandibule supérieure (4).

Torcol fourmilier Pics
Jynx torquilla *Picidae*

Les spécialistes divisent la famille des Pics en deux sous-familles, celle des Pics à proprement parler *(Picinae)* et celle des Torcols *(Jynguinae)*. Le Torcol fourmilier diffère des véritables Pics par sa morphologie et ses mœurs. Il a un plumage grisâtre strié de barres transversales, qui rappelle le plumage d'un Hibou, l'épaisseur et la douceur des plumes renforçant encore la similitude. Il a la même forme de bec que celui d'autres oiseaux insectivores, bec qui n'a pas pour fonction de forer des trous, ni d'extraire de la nourriture de l'écorce (1). Le Torcol fourmilier mange principalement de petits invertébrés (coléoptères, chenilles, araignées), mais il apprécie surtout les fourmis, à différents stades de développement (le plus souvent les adultes et les nymphes). Il les attrape sur les branches ou au sol, où elles sont le plus abondantes, ou bien détruit les fourmilières et attrape les insectes furieux avec sa langue visqueuse. Son plumage très serré lui assure une parfaite protection contre les piqûres d'insectes. Le Torcol saute avec légèreté et rapidité autour de la fourmilière, mais est incapable d'escalader. Il est également dépourvu de plumes caudales raides comme celles de certains autres Pics ; de plus, il se perche sur les branches, ce que ne font pas les véritables Pics. Autre différence essentielle, le Torcol est un oiseau migrateur ; il quitte son site de nidification à la fin de l'été pour voler vers l'Afrique tropicale.

2

À la différence de la plupart des autres oiseaux, c'est la femelle qui choisit son partenaire. Le nid est généralement installé dans un trou d'arbre, mais il n'est pas rare de trouver des œufs de Torcol dans les nichoirs ou dans un trou dans le sol. La femelle choisit toujours un trou déjà foré, même s'il est déjà occupé par une autre espèce ; sans hésiter, elle expulse les fondations du nid du premier occupant, qu'il y ait ou non des œufs, puis pond dans la cavité pratiquement nue (2). Le nombre d'œufs est inhabituellement élevé (jusqu'à 11), mais le taux d'éclosion reste faible. La femelle quitte ses œufs avec beaucoup de réticence et en cas de danger, ébouriffe les plumes de sa tête, replie et détend son cou, et siffle comme un serpent. Les jeunes adoptent le même comportement, et cela suffit en général à dissuader la plupart des ennemis.

1

Alouette lulu — Alouettes
Lullula arborea — *Alaudidae*

Tout le monde connaît l'Alouette des champs, mais rares sont ceux qui ont rencontré l'Alouette lulu, qui a elle aussi un plumage discret, mais ne vit pas dans les champs. Pendant la saison des amours, elle habite les bois clairs ou les terres en friche sur un sol sec, à proximité d'un bois ou au moins près d'un groupe de grands arbres. Le nid est installé à terre ou près du sol. Les mâles ont un chant très mélodieux et étaient souvent gardés en cage comme oiseaux chanteurs. Au printemps, ils chantent nuit et jour pratiquement sans arrêt. C'est un des rares oiseaux d'Europe dont on peut entendre la très belle voix dans le calme de la nuit, lorsque les autres oiseaux chanteurs sont endormis. La femelle pond quatre à cinq œufs tachetés, deux à trois fois par an. Des recherches ont montré que, à la différence de la majorité des autres oiseaux chanteurs, les couvées sont plus importantes vers la fin de la période de nidification. Les jeunes nouvellement éclos sont nus et aveugles, mais ils grandissent très vite et au bout de 10 à 12 jours, rampent hors du nid, avant d'être capables de voler. On a remarqué que les jeunes de nombreuses espèces qui nichent près du sol quittent le nid avant d'avoir toutes leurs plumes. Si un danger menace, les jeunes oiseaux se dispersent et se cachent ; ainsi, si un animal ou un oiseau de proie attrape l'un d'entre eux, le reste de la nichée est épargné. S'ils restaient au nid, ils périraient probablement tous.

Il est vraiment dommage que cette espèce intéressante se fasse rare en Europe centrale et occidentale. On ne sait d'ailleurs pas précisément pourquoi.

2

3

4

1

L'Alouette lulu est un peu plus petite et plus mince que le Moineau domestique ; elle possède une ébauche de huppe, de larges ailes aux extrémités pointues et une queue courte, tachetée de blanc (1). Le mâle chante souvent en vol, comme l'Alouette des champs, mais la nuit, il chante toujours à partir du sol ou perché sur une branche; si la branche est grosse, il ne cesse d'aller et venir dessus rapidement.

La figure 2 montre la tête de l'Alouette lulu, la figure 3 celle de l'Alouette des champs (*Alauda arvensis*), la figure 4 celle du Cochevis huppé (*Galerida cristata*). Tous ont le même type de bec adapté pour attraper les insectes et ramasser les graines. Chez les deux premières espèces, les longues plumes du sommet de la tête se hérissent lorsque l'oiseau est excité, alors que chez le Cochevis huppé, elles le sont pratiquement en permanence. Un autre trait typique est la strie claire qui dessine un sourcil; elle est plus prononcée chez l'Alouette lulu.

Pipit des arbres | Pipits et Bergeronnettes
Anthus trivialis | *Motacillidae*

Le Pipit des arbres habite l'ensemble de l'Europe, hormis l'extrême nord et l'extrême sud, ainsi qu'une large zone traversant l'Asie jusqu'à l'est de la Sibérie. Sur la majeure partie de son territoire, c'est l'un des membres les plus répandus de ce genre. Son plumage est modestement mais très joliment coloré (1) et le mâle est un chanteur hors pair. Il entame son chant à la cime d'un arbre, puis s'envole dans les airs en battant des ailes, et au fur et à mesure que son chant s'éteint, redescend en se laissant glisser vers la cime d'un autre arbre. Le Pipit des arbres est un habitant typique des bois ensoleillés s'ouvrant sur de nombreuses clairières, mais on le rencontre également dans les prairies et d'autres types de paysages ouverts, tant qu'il existe un arbre ou un buisson sur lequel le mâle peut s'installer pour chanter et surveiller les environs.

À l'automne, les Pipits des arbres vivant en Europe volent vers les zones occidentales de la région méditerranéenne, où certains d'entre eux passent l'hiver ; la plupart poursuivent jusqu'en Afrique équatoriale. Les populations nichant plus à l'est ont tendance à migrer vers le sud et à se déployer sur une grande partie de l'Afrique de l'est, jusqu'au tropique du Capricorne. Même les Pipits des arbres vivant en Asie ne restent pas « à la maison » en hiver et se dirigent vers le Sud, entre l'Inde et l'Arabie. À la fin de l'hiver, ils retournent tous vers leurs lieux de nidification, où ils sont parmi les premiers arrivants.

2

Le Pipit des arbres appartient à la famille des Motacillidés. Même si sa couleur est très différente de celle des Bergeronnettes, son comportement témoigne de sa parenté avec ces dernières. Il court sur le sol en faisant de petits pas (la plupart des oiseaux forestiers sautent en décollant les deux pattes en même temps), s'arrête de temps en temps pour un petit repas carné, tout en balançant sans cesse sa queue de haut en bas, d'une façon moins marquée que les Bergeronnettes.

Le nid caché sur le sol est fait à base de feuilles, herbes et racines sèches et est tapissé de poils, assurant protection et chaleur aux œufs. Les jeunes nouvellement éclos perçoivent le déplacement d'air provoqué par les parents revenant au nid, ainsi que les vibrations de ce dernier : ils ouvrent alors le bec pour réclamer leur pitance (2).

1

Jaseur boréal, Jaseur de Bohême
Bombycilla garrulus

Jaseurs
Bombycillidae

Le Jaseur boréal niche dans les bois mixtes et forêts de conifères de Scandinavie, en passant par le nord de la Russie jusqu'en Sibérie, et à la mer de Baffin, au nord-est du Canada. Il migre vers le Sud, mais passe régulièrement l'hiver en Europe centrale et occidentale. Certaines années, ses migrations ont un caractère d'invasion et les Jaseurs, aussi bien en Europe qu'aux États-Unis, apparaissent alors en nombre beaucoup plus important qu'à l'habitude. Les oiseaux européens migrent dans une direction sud-ouest, mais dans les endroits où ils trouvent suffisamment de nourriture, ils font une longue pause et peuvent même décider de rester. En hiver, ils se nourrissent presque exclusivement de cynorrhodons, cenelles, sorbes, baies de gui. Leur digestion est très rapide et on dit que l'ensemble du processus, de l'ingestion à l'expulsion des fientes, ne dure que 7 à 10 minutes. Il est évident que seule la chair des fruits peut être digérée en si peu de temps ; la peau et les graines sont rejetées intactes. De cette façon, au cours de ses déplacements, le Jaseur boréal favorise le maintien et la dissémination des plantes qui lui procurent sa subsistance. Lorsqu'il niche, il se nourrit surtout de moustiques et autres diptères, qui sortent en masse à la fin du printemps. Les adultes attrapent généralement leurs proies en vol.

Pendant longtemps, on ignora tout du nid du Jaseur boréal et de la façon dont il élevait sa progéniture. Le nid est en effet toujours situé très haut dans les arbres et est soigneusement camouflé. Les jeunes grandissent très vite et volent hors du nid environ deux semaines après l'éclosion.

3

Le Jaseur boréal est un véritable joyau à plumes, surtout en hiver, et son élégance est renforcée par sa huppe (1), qu'il lève et abaisse lorsqu'il est excité. Des taches d'un rouge profond apparaissent à l'extrémité des plumes caudales chez certains oiseaux probablement très âgés, mais sont absentes chez la plupart des individus. Le dimorphisme sexuel n'apparaît qu'après un examen minutieux, au cours duquel on observera l'intensité et

1

l'étendue de la tache noire sur la gorge, qui est plus grande chez le mâle (2). Avant la mue automnale, les jeunes peuvent être identifiés sans difficulté, car ils ont le dos brun et le ventre blanchâtre orné de stries (3) ; ils arrivent à leurs quartiers d'hiver avec leur livrée adulte. En règle générale, le Jaseur boréal vit en petits groupes et on peut entendre son agréable gazouillis lorsqu'il passe en volant.

♂ 2 ♀

Accenteur mouchet *Prunella modularis*

Accenteurs *Prunellidae*

L'Accenteur mouchet est l'un des oiseaux d'Europe les moins familiers, même s'il est assez commun, et vit dans tous les types de bois et de forêts comportant un sous-étage végétal suffisamment dense. Au cours de ces dernières décennies, sa répartition s'est nettement étendue vers le nord-ouest, pendant que des oiseaux toujours plus nombreux nichaient dans les parcs et grands jardins. L'Accenteur mouchet passe la plus grande partie de son temps dans les buissons touffus. Au printemps, on peut entendre le joli chant typique du mâle, qu'il lance habituellement perché à l'extrémité des pousses de conifères (1). Lorsqu'il ne niche pas, on peut deviner sa présence à son cri d'appel aigu, qui s'entend très loin. Il est également connu dans la majeure partie de l'Europe en hiver, car certaines populations sont sédentaires. Cependant, la plupart des Accenteurs mouchets migrent régulièrement vers le sud et le sud-ouest de l'Europe, et certains poussent jusqu'à la côte tunisienne. Ils rentrent tous relativement tôt au printemps.

Le bec étroit de l'Accenteur mouchet témoigne de la grande proportion de nourriture animale dans son régime alimentaire, même si cela n'est vrai qu'au printemps et en été. Le restant de l'année, sa nourriture consiste essentiellement en petites baies et graines. L'élément végétal prend une importance particulière en hiver, lorsque les oiseaux ne rencontrent que rarement des invertébrés au stade quiescent. L'Accenteur mouchet n'attrape jamais d'insectes en vol, mais lorsqu'il explore les taillis, il ramasse tous les mets de choix qu'il peut trouver. Il est également capable de picorer les graines et les baies sur les tiges et à l'extrémité des brindilles en sautant ou en volant.

2

L'Accenteur mouchet construit son nid à proximité du sol, dans des arbustes et des arbres touffus. Il affectionne particulièrement les sapins et autres conifères compacts, y compris les variétés ornementales. Le nid, construit assez solidement, se compose de brindilles, herbes et mousse sèches et est tapissé de brins d'herbe, poils, plumes et lichens. Les œufs sont surtout

intéressants pour leur couleur unie, turquoise vif (2). L'Accenteur mouchet peut se permettre d'avoir des œufs aussi colorés, car le nid est placé dans un endroit sombre, où le camouflage a moins d'importance que chez les oiseaux nichant à découvert. Il est possible que la couleur des œufs ait pour but d'aider la femelle à les retrouver. Les jeunes sont surtout nourris d'insectes et quittent généralement le nid avant d'être complètement emplumés.

Le Gobe-mouches à collier est relativement facile à observer pour un oiseau chanteur, à la fois du fait de son chant et grâce à la couleur du mâle. Il niche sporadiquement en Europe centrale, en Italie et sur une zone étroite s'étendant à l'est de l'Europe. Il apparaît en Europe occidentale et à l'ouest de la région méditerranéenne uniquement lorsqu'il migre. Même dans ce cas, il demeure assez rare, car sa route part plus à l'est et conduit jusqu'en Afrique, au sud du Sahara. Il arrive sur son lieu de nidification assez tardivement (avril ou mai) et repart en août ou au début de septembre. Son arrivée tardive est liée à la disponibilité en nourriture, qui se compose largement d'insectes volants. Comme d'autres membres de la famille des Gobe-mouches, il surveille les alentours à partir d'un poste d'observation et lorsqu'il a repéré une victime, fond sur elle et la happe dans son bec. Seule, une faible proportion de ses proies est prélevée sur les branches, les feuilles ou le sol, et le plus souvent c'est par mauvais temps, lorsque les insectes volants ne sortent pas.

Le Gobe-mouches à collier préfère nicher dans les vieux bois clairs de feuillus ou les grands parcs et les vergers, à faible altitude. Le nid, composé de racines et d'herbe, est installé dans un trou d'arbre ; le Gobe-mouches accepte aussi volontiers les nichoirs lorsque l'orifice d'entrée est à la bonne dimension. L'installation de ces nichoirs aux bons endroits peut nettement favoriser l'augmentation des populations.

2 ♂

Le Gobe-mouches à collier est plus petit et plus fin que le Moineau domestique. Le plumage du mâle est une combinaison harmonieuse de noir et de blanc (2), particulièrement éclatante pendant la période de reproduction (1). L'oiseau mue après la nidification ; la partie noire du plumage est remplacée par des plumes brun-noir et le blanc

lui aussi perd de son éclat. Le Gobe-mouches retrouve son merveilleux plumage noir et blanc au printemps. La femelle plus discrète est principalement marron grisâtre et seul le dessous du corps est blanc (3). Les deux partenaires ont des taches blanches sur les ailes, et chez la femelle, elles permettent d'éviter toute confusion avec le Gobe-mouches noir. Pour distinguer les deux espèces à distance, il est préférable de se fier aux chants et cris d'appel des oiseaux.

Gobe-mouches noir Gobe-mouches
Ficedula hypoleuca *Muscicapidae*

Le Gobe-mouches noir est un autre membre noir et blanc de la famille vivant en Europe. Son aire de répartition recouvre celle du Gobe-mouches à collier au centre et à l'est de l'Europe, mais il apparaît principalement au nord et à l'ouest de ce continent. Des populations isolées nichent en Espagne et au Portugal et au nord-ouest de l'Afrique. Comme l'Hypolaïs ictérine et l'Hypolaïs polyglotte, les deux espèces de Gobe-mouches sont probablement issues d'un même ancêtre, à partir duquel elles se seraient différenciées à l'ère glaciaire. Ce qui au départ constituait une aire de répartition continue s'est trouvé morcelé par la calotte de glace, si bien que le Gobe-mouches à collier s'est développé à l'est de l'Europe et le Gobe-mouches noir à l'ouest. Au centre et à l'est du continent où les deux espèces se chevauchent, elles se reproduisent parfois entre elles et élèvent les descendants hybrides sans difficulté. Le mécanisme d'isolation qui veut que seuls des oiseaux d'une même espèce se reproduisent entre eux, ne fonctionne plus. Les parades des deux espèces sont identiques et la principale différence réside dans leur chant. Le mâle vole autour du trou ou du nichoir qu'il a choisi et essaie d'attirer une femelle, notamment par la couleur de son plumage. Ainsi, des mâles des deux espèces séduisent plusieurs femelles sur leur territoire. Ils choisissent une cavité pour chacune d'elles et les femelles pondent toutes des œufs qui donneront le jour à une nouvelle génération. Cette polygamie est exceptionnelle chez les Passereaux.

2 ♂

Par sa taille et sa couleur, le Gobe-mouches noir ressemble à l'espèce précédente, mais présente nettement moins de blanc dans son plumage (2). Les mâles notamment sont dépourvus du collier blanc et chez les deux sexes, les surfaces blanches sur les ailes sont réduites (1, 3). Les mâles déploient une intéressante variation de couleurs en relation avec la situation géographique de leur site de nidification. À l'est et au sud de leur aire de répartition, un grand nombre d'entre eux sont gris et non noirs et se distinguent des femelles

uniquement par l'étendue des taches blanches sur les ailes. Chez les populations des autres régions, les mâles à plumage noir dominent et la coloration grise n'apparaît que sporadiquement. Dans leur plumage « hors saison », les mâles des deux formes ressemblent aux femelles et les formes noires et grises ne peuvent être différenciées l'une de l'autre.

Gobe-mouches nain
Ficedula parva

Gobe-mouches
Muscicapidae

Le Gobe-mouches nain appartient au même genre que les deux espèces précédentes, mais son plumage ne porte pas les tons contrastés noirs et blancs de ces dernières. Il a des besoins plus précis pour la nidification et habite principalement les vieux bois de feuillus (rarement les forêts mixtes de type hêtraies ou hêtraies et sapins, comme à l'étage montagnard et subalpin). Pendant la période de reproduction, il apparaît dans une grande partie de l'Europe centrale, le sud de la Suède, le centre et l'est de l'Europe méridionale, ainsi que dans les zones tempérées d'Asie, jusqu'à l'océan Pacifique. Du fait de son association avec les vieux bois de feuillus, son aire de répartition est divisée en lieux de nidification isolés. Le Gobe-mouches nain est une espèce strictement migratrice qui hiverne en Inde tropicale et en Indochine. Sa destination est donc différente de celle de la grande majorité des oiseaux migrateurs d'Europe, qui hivernent habituellement en Afrique, ou au plus en Arabie. Les populations européennes de Gobe-mouches nain migrent généralement vers le nord-ouest de l'Inde, mais le baguage a permis de montrer que certains oiseaux passent l'hiver dans la région méditerranéenne, le sud-ouest de l'Europe et l'Afrique de l'est tropicale. On pense que ceci est une tentative des populations européennes de trouver des quartiers d'hiver moins éloignés que ceux traditionnellement situés en Inde. Les mâles annoncent le début de la saison de nidification par leur chant mélodieux et volettent autour d'un trou où nicher pour séduire une femelle. De grandes quantités de poils et de toiles d'araignée sont utilisées dans la fabrication du nid ; les jeunes sont élevés sensiblement de la même façon que chez les espèces apparentées.

2 ♂

3 ♂

En plus de présenter des couleurs différentes, le Gobe-mouches nain (1) est plus petit que les autres Gobe-mouches. Les mâles âgés de deux ans et plus ont une tache ocre rouille sur la poitrine (2), qui, vue de près, est différente de celle du Rouge-gorge (3) ; les jeunes ont uniquement des plumes ocre sur la poitrine, mêlées parfois

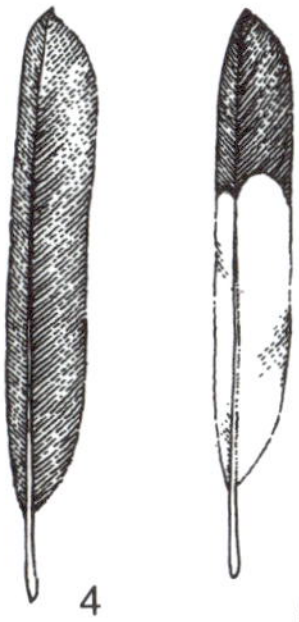

4 5

à quelques plumes rouille. Le dessous des rectrices externes, chez l'adulte comme chez le jeune totalement emplumé, est blanc (5), trait typique particulièrement visible lorsque l'oiseau est en vol ; chez le Rouge-gorge, les plumes de la queue sont entièrement foncées (4).

Gobe-mouches gris
Muscicapa striata

Ce Gobe-mouches ne reste pas à l'abri des regards et attire généralement l'attention par son chant ou ses cris d'appel. Bien qu'il ne se pare pas de couleurs vives, on le remarque dès qu'il s'installe à proximité d'une maison. Il passe la plus grande partie de son temps perché sur un poste d'observation (poteaux électriques, clôtures, piquets) ; de là, il s'envole à la poursuite d'insectes volants, qu'il capture habilement dans son bec largement ouvert, avant de retourner, satisfait, à son point de départ. Seul, le froid peut l'obliger à abandonner ce rythme et à chercher sa nourriture à la cime des arbres ou à ramasser des insectes inertes au sol. En plus des coléoptères, diptères et névroptères, il attrape fréquemment des papillons. Avant d'avaler ses grosses proies, il leur arrache les ailes. À la différence des autres Gobe-mouches d'Europe qui apprécient les fruits charnus en été et en automne, le Gobe-mouches gris y touche rarement.

Les habitudes alimentaires du Gobe-mouches gris sont liées au fait qu'il est strictement migrateur. Son aire de nidification s'étend des rivages de l'Atlantique à l'Asie centrale et à la Sibérie occidentale. La plupart des oiseaux hivernent au centre et au sud de l'Afrique, entre la limite sud du Sahara et Le Cap, et seules les populations de l'Est migrent plus près en Arabie et en Inde.

2

Chez le Gobe-mouches gris, le mâle et la femelle sont absolument impossibles à distinguer (1), et le trait le plus fiable permettant de les reconnaître est le chant du mâle, qui n'est pas exceptionnel et se compose surtout de tons aigus. Le mâle chante d'un point d'observation pour attirer la femelle. Celle-ci installe le nid dans un renfoncement, un trou d'arbre, sur la poutre extérieure d'une maison (2), ou très rarement, à découvert à la fourche

1

d'une branche. Le nid est construit avec des plantes herbacées, mais contient toujours de la mousse et du lichen. Les quatre à cinq œufs tachetés sont couvés pendant environ deux semaines, principalement par la femelle. Les jeunes sont élevés au nid pendant le même laps de temps et le mâle joue alors un rôle actif dans la capture des insectes.

Hypolaïs ictérine
Hippolais icterina

L'Hypolaïs ictérine est un autre chanteur européen remarquable. Son chant mélodieux, ponctué de tons rauques, comporte des imitations de chants d'autres oiseaux entendus dans le voisinage. Elle passe la plupart de son temps dans les buissons feuillus et les arbres touffus, mais le mâle chante perché sur des branches saillantes pour se faire entendre sur tout son territoire, qu'il défend contre d'autres individus de l'espèce. Lorsqu'il chante, il hérisse les plumes de sa tête et de sa gorge et ouvre un bec si large que, si l'on se trouve à proximité, on peut apercevoir la surface interne rouge-orange du bec et le gosier. L'Hypolaïs ictérine habite les bosquets et les taillis présentant un sous-étage végétal dense, principalement à basse altitude. Elle peuple l'ensemble de l'Europe, sauf l'extrême ouest, nord et sud ; à l'est, on la rencontre jusqu'en Sibérie occidentale. Partout, c'est une espèce strictement migratrice qui passe l'hiver au sud des lacs d'Afrique de l'est, au centre et au sud de ce continent. Elle ne reste pas sur son site de nidification aussi longtemps que les espèces apparentées de Passereaux insectivores. Les oiseaux n'arrivent pas avant avril ou mai, et en août, ou au plus tard en septembre, ils repartent individuellement pour un long voyage vers leurs quartiers d'hiver.

L'Hypolaïs ictérine se nourrit d'insectes à différents stades de développement, en particulier de petits coléoptères, diptères, névroptères et pucerons. Avant la migration, les végétaux augmentent nettement dans la composition de son menu (baies et fruits d'arbres, arbustes et plantes herbacées sauvages et cultivées).

2

Chez l'Hypolaïs ictérine, le dimorphisme sexuel est inexistant (1). Les partenaires construisent le nid ensemble, généralement pas à plus de deux mètres du sol, dans les arbres et buissons les plus touffus. Il n'est pas très large, mais très bien construit, à base d'herbe et de feuilles sèches assemblées avec de la mousse, du lichen, des chatons de saule et de peuplier et des toiles d'araignées. Ces matériaux de construction constituent de plus de parfaits éléments de camouflage.

1

L'Hypolaïs ictérine utilise souvent des matériaux qu'elle trouve sur l'arbre ou l'arbuste où est installé le nid; par exemple, si ce dernier se trouve sur un bouleau, il est recouvert de morceaux d'écorce de bouleau. La coupe est tapissée de poils (y compris de crins de chevaux, si l'oiseau a la chance d'en trouver de nos jours) et de plumes. Les œufs se reconnaissent le plus souvent à leur couleur (2), car à part l'Hypolaïs polyglotte, aucun oiseau partageant les mêmes habitudes de nidification ne pond d'œufs de cette teinte.

L'Hypolaïs polyglotte habite l'Europe occidentale, l'ouest et le centre de la région méditerranéenne et la côte nord de l'Afrique. Il est évident que cette espèce et celle décrite précédemment se sont développées au cours de la période de glaciation à partir d'un même ancêtre, l'Hypolaïs ictérine vivant au sud-est de l'Europe et l'Hypolaïs polyglotte dans le sud-ouest.

À distance, il est pratiquement impossible de distinguer les deux espèces, et même lorsqu'on les tient en main, par exemple pour les baguer, il faut déjà être expérimenté. De profil, l'Hypolaïs polyglotte a le sommet de la tête plus arrondi, le bord jaune de ses rémiges secondaires est moins prononcé et ses ailes n'arrivent pas jusqu'au bout des rémiges supérieures (1).

Le même cas peut se produire avec d'autres oiseaux chanteurs très proches parents, qui sont souvent beaucoup plus difficiles à différencier par leur plumage que par leurs performances vocales, notamment leur chant. Même chose pour nos deux Hypolaïs. Le chant de l'Hypolaïs polyglotte est encore plus mélodieux que celui de l'Hypolaïs ictérine et comme elle, elle insère dans ses mélodies des phrases musicales d'autres oiseaux entendus aux alentours. On remarque également des différences dans les exigences concernant la nidification. L'Hypolaïs polyglotte fréquente plus souvent les sols secs plantés d'arbres et de buissons, alors que sa parente préfère les habitats humides (bois ripicoles). Les deux oiseaux sont strictement migrateurs, mais leurs destinations diffèrent. L'Hypolaïs polyglotte hiverne dans les savanes tropicales d'Afrique de l'ouest et on risque de la chercher en vain à l'est du continent. Pas de différence notoire en ce qui concerne leur régime alimentaire, bien que l'Hypolaïs polyglotte ait une préférence pour les insectes et les baies.

2

Le nid de l'Hypolaïs polyglotte est situé plus souvent dans les arbustes épais et bas qu'à la cime d'un petit arbre (l'Hypolaïs ictérine est moins exigeante). À la différence de l'espèce précédente, dont le nid est construit par les deux partenaires, celui de l'Hypolaïs polyglotte est principalement, voire entièrement, bâti par la femelle. Elle pond une seule couvée par an, sauf dans les régions les plus au sud de son aire de répartition, où on en compte parfois

deux. Les œufs sont couvés par la femelle, qui doit les quitter plusieurs fois par jour pour s'alimenter, boire et expulser ses fientes. Pendant qu'elle couve, le mâle monte la garde et lui apporte de la nourriture. Les jeunes (2), qui éclosent vers 12 ou 13 jours, sont nus. Les parents les nourrissent d'insectes et ce régime leur convient si bien qu'ils quittent le nid à l'issue de deux semaines.

Fauvette des jardins
Sylvia borin

En Europe, le genre *Sylvia*, relativement important, compte 14 espèces ayant toutes la taille d'un Moineau domestique svelte et possédant toutes un bec pointu, signe qu'elles se nourrissent surtout d'insectes à corps mou. Toutes les Fauvettes vivent dans les taillis et rechignent à les quitter. Certaines espèces se contentent d'arbustes isolés dans la campagne découverte ou d'un bosquet, alors que d'autres se sentent plus chez elles dans un bois à sous-étage végétal fourni. La Fauvette des jardins fréquente tous les types de forêts, des plaines jusqu'en montagne. Elle vit à haute altitude principalement le long des rivières et des grands cours d'eau. Elle apparaît moins fréquemment dans les grands parcs et les jardins abandonnés. Dans son habitat, elle est toujours l'un des oiseaux chanteurs les plus communs. On l'aperçoit rarement, mais on est certain d'entendre le chant diversifié, puissant et mélodieux du mâle lorsqu'il marque son territoire tout en restant caché. Capable d'atteindre des tonalités très aiguës, son chant et celui de la Fauvette à tête noire étaient placés en seconde position après le chant du Rossignol. Les autres sons émis par la Fauvette des jardins, comme le claquement de son cri d'appel ou son cri d'alarme rauque, sont moins agréables à l'oreille. Elle se nourrit avec ce qu'elle trouve dans son habitat, à savoir les différents stades de développement de petits insectes, additionnés, en plein été, de fruits charnus et de baies.

2

Mâles et femelles ont le même aspect (1). La plupart des Fauvettes sont de couleur unie, car la couleur perd de son intérêt dans le sous-étage de végétation dense : les oiseaux communiquent entre eux et avec les autres espèces par la voix. Ils chantent pendant toute la période de reproduction.

Le nid est généralement construit à moins d'un mètre du sol, dans les buissons touffus ou parmi les plantes herbacées à tiges rigides. Il n'est pas très solide et on se demande souvent

comment il résiste pendant la période d'incubation et l'élevage des petits habituellement au nombre de cinq. Il se compose d'une fine couche de brins d'herbe tressés (2); le matériau de garnissage améliore à peine la solidité. Toutefois, cette construction fragile assure 13 jours de protection aux œufs et un abri pour les jeunes pendant à peu près le même laps de temps. Les jeunes sortent souvent du nid avant d'avoir toutes leurs plumes.

Fauvette à tête noire
Sylvia atricapilla

Fauvettes
Sylviidae

La Fauvette à tête noire n'est pas trop exigeante quant à son habitat. Elle niche dans tous les types et superficies de bois, dans les parcs et les jardins, sauf dans les petits bosquets et les groupes clairsemés d'arbustes dans la campagne découverte. L'altitude ne constitue pas un obstacle pour ce splendide oiseau chanteur, que l'on rencontre des bois ripicoles de plaine jusqu'à la limite supérieure des forêts et la zone de combat (forêt rachitique) en montagne. On la rencontre en plus grand nombre à faible et moyenne altitude; plus haut, sa présence diminue nettement.

Aussitôt après leur arrivée en mars ou avril, les mâles occupent leur territoire de nidification et chantent toute la journée, sans presque jamais s'interrompre. Les individus âgés ont un chant particulièrement agréable, avec des variations brusques de tonalité et de puissance, sans note discordante. Les mâles éclos l'année précédente n'acquièrent toutes leurs capacités vocales qu'après le début de la période de nidification, lorsqu'ils affinent et améliorent leur voix en écoutant les vocalistes plus âgés.

La Fauvette à tête noire est la seule espèce du genre *Sylvia* à rester en Europe centrale et occidentale pendant l'hiver, qu'elle passe normalement dans la péninsule Ibérique et dans la région méditerranéenne, où vivent également des populations sédentaires. Tous les oiseaux n'y sont pas sédentaires; certains d'entre eux migrent avec les populations du nord, pour aller passer l'hiver en Afrique, au sud du Sahara. Les Fauvettes à tête noire nichant en Europe centrale et occidentale migrent plutôt en Afrique de l'ouest, alors que les oiseaux d'Europe orientale préfèrent les régions plus à l'est du continent africain.

3 4 5

Chez la plupart des Fauvettes, il est très difficile de distinguer le mâle de la femelle, même lorsqu'on tient les oiseaux en main. Chez la Fauvette à tête noire, le dimorphisme sexuel est marqué, mais il est possible de confondre la calotte noire du mâle (1, 3) avec celle de la Mésange nonnette (4) ou de la Mésange boréale (5). Cependant, chez ces deux Mésanges, la calotte descend sur l'arrière de la tête jusqu'à la nuque, la tête est plus arrondie, le bec court et le menton noir, alors que la Fauvette à tête noire a un bec relativement long et est dépourvue de

tache sur le menton. Le plumage de la femelle est plus brun que celui du mâle et sa tête s'orne d'une calotte rousse (2). Les plumes de la tête des jeunes sont de la même couleur, quel que soit le sexe ; on trouve encore des traces de brun sur la tête des mâles éclos l'année précédente, mais la teinte noire typique prédomine déjà.

Le Pouillot véloce est l'un des oiseaux forestiers les plus communs d'Europe et de Sibérie. Il est très simplement coloré, mais son chant puissant et rythmé (si l'on peut assimiler ses efforts vocaux à un chant) est facilement reconnaissable. En plus de deux notes « tsip tsap tsip tsap », il se compose de tons légèrement rauques. Le mâle commence à chanter en mars ou en avril, peu après son arrivée, mais si le temps est mauvais, il reste silencieux et attend les premiers rayons de soleil. Il chante alors toute la journée. Le Pouillot véloce se nourrit d'insectes, mais comme nombre d'oiseaux insectivores, il profite de l'abondance des baies en fin d'été. Il récolte sa nourriture sur les arbustes et les arbres, mais sait aussi capturer ses proies en vol. Très souvent, il vole au-dessus des brindilles feuillues, happant au passage quelques morceaux de choix.

Le Pouillot véloce niche dans tous les types de bois et peut même apparaître dans les forêts de haute montagne, même s'il y est nettement moins répandu qu'à basse altitude. Il ne refuse pas une végétation dense, mais est toujours plus abondant en lisière de forêt, à proximité des clairières et autres endroits ensoleillés. Il ne dédaigne pas les endroits fréquentés par l'homme, et on peut l'entendre chanter dans les grands jardins et les parcs. En Europe centrale et occidentale, on a même pu l'observer en hiver. Toutefois, ces cas sont rares et la majorité des oiseaux migrent vers la région méditerranéenne ou l'Afrique.

Les nids des espèces du genre *Phylloscopus* ne diffèrent que par des détails. Celui du Pouillot véloce est une structure sphérique solide, à ouverture latérale avec avancée. Il est composé de minces brindilles, de feuilles et brins d'herbe et est garni de plumes récupérées dans le voisinage; il est généralement installé sur ou à proximité du sol et est construit sur une branche ou dans un nichoir uniquement dans des cas isolés.

Il est très difficile de distinguer le Pouillot véloce du Pouillot fitis, surtout à distance. De près, on remarque que le Pouillot véloce a les pattes noires

(habituellement brun-noir) — (1), alors que le Pouillot fitis a les pattes jaunes ou brun clair. Le meilleur critère d'identification reste le chant, car le « tsip tsap » du Pouillot véloce est vraiment caractéristique.

Pouillot fitis
Phylloscopus trochilus

Fauvettes
Sylviidae

Le Pouillot fitis (1) n'est pas aussi commun que les espèces précédentes, mais dans les endroits qui lui conviennent, c'est-à-dire où se développe un sous-étage de végétation jeune, il est plus fréquent. Il a des exigences plus prononcées concernant la nidification et fréquente surtout les jeunes bois, quels que soient leur type ou l'altitude. Il ne vit jamais dans la végétation dense mais niche où la forêt s'ouvre sur des clairières et des parcelles de jeunes arbres. Chose surprenante, c'est l'un des oiseaux chanteurs les plus communs vivant près de la limite supérieure des forêts et dans la zone de combat (forêt rachitique). Il se trahit le plus souvent par son chant, qui est beaucoup plus mélodieux que celui du Pouillot véloce et se compose de mélodies ascendantes et descendantes à tonalités flûtées. Le mâle aime chanter depuis la cime d'un arbre, ou sinon préfère rester dans le sous-étage de végétation. Les espèces du genre *Phylloscopus* ont toutes un cri d'appel caractéristique par lequel on peut les identifier avec une relative certitude. Les soirs d'été, lorsque les oiseaux ont terminé de nicher, commencé à muer et ne chantent plus, le cri d'appel mélancolique du Pouillot fitis est de ceux que l'on entend le plus fréquemment.

On n'a vérifié aucun cas de Pouillot fitis restant sur place en hiver. Le baguage a fourni des informations assez intéressantes sur la migration des populations de l'ouest et du centre de l'Europe et sur leurs quartiers d'hiver dans toute l'Afrique. Cependant, on ne sait pas encore précisément où vont les oiseaux d'Asie.

1

Avec un peu d'expérience, il est assez facile de reconnaître les nids des espèces de *Phylloscopus* les plus courantes en Europe centrale et occidentale. Ils sont grossièrement sphériques, s'ouvrent sur une entrée latérale avec avancée et reposent au sol ou juste au-dessus. Le Pouillot fitis est celui qui fait son nid avec le plus de soin et en déployant le plus d'efforts (3). Le nid assez grand du Pouillot véloce (2) n'est pas aussi bien fini. Les deux espèces garnissent la coupe avec des plumes, alors que le Pouillot siffleur utilise plutôt des brins d'herbe et des poils récupérés sur les carcasses (4), plus rarement des plumes. Les œufs du Pouillot siffleur sont recouverts très régulièrement de taches rouge sombre ou brun-noir. Les taches sur les œufs des Pouillots véloce et fitis ne sont pas aussi prononcées et sur ceux du Pouillot fitis sont surtout de couleur rouille. Les œufs du Pouillot véloce ont un anneau très visible de taches à leur extrémité arrondie.

Pouillot siffleur *Phylloscopus sibilatrix*

Le Pouillot siffleur fait partie d'un petit groupe d'espèces dont le territoire de nidification et le nombre d'individus sont en nette expansion depuis ces dernières années. Il s'installe dans de nouveaux endroits, principalement au nord et au nord-ouest de l'Europe, à l'est de son aire de répartition originelle autour du fleuve Oural et en Sibérie occidentale. À l'automne, tous les membres des populations européennes migrent en survolant l'Italie et la Yougoslavie et en traversant la Méditerranée vers l'Afrique, au sud du Sahara.

Le Pouillot siffleur aime plus la chaleur que les deux espèces précédentes ; il arrive sur son site de nidification plus tardivement (en avril ou début mai) et part pour ses quartiers d'hiver dès la fin du mois d'août ou en septembre. Il ne fréquente pas les altitudes élevées car il y fait froid, par contre on le trouve à des altitudes basses à moyennes où il peuple les bois mixtes ou de feuillus, mais apparaît rarement dans les forêts de conifères. Comme le nid est construit à terre ou près du sol, l'oiseau a besoin d'un sous-étage abondant de plantes herbacées et ligneuses, au moins dans certaines parties de son territoire. Il passe la plupart de son temps dans les branches médianes des arbres où il chasse de petits invertébrés (notamment des insectes à corps mou, à différents stades de développement). Il attrape certaines de ses proies en voletant autour des feuilles et en picorant les insectes cachés à la face inférieure des feuilles. Son vol de parade est étonnamment lent et le mâle chante tout en volant. Son chant, série toujours plus rapide de gazouillis et de sifflements aigus à tonalités flûtées, est facile à retenir.

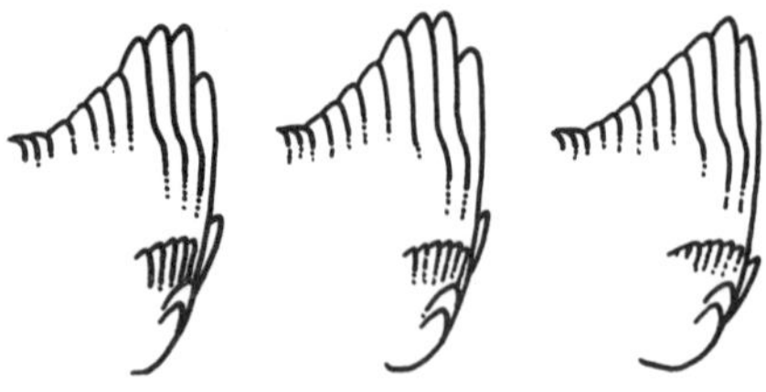

2 3 4

Alors que les deux espèces précédentes sont très difficiles à distinguer par leur plumage, le Pouillot siffleur se reconnaît à ses couleurs vives, en particulier à son sourcil jaune vif, sa gorge et sa poitrine jaunes et son ventre blanc (1), tous ces traits étant nettement visibles, y compris à distance. Lorsque l'on attrape les oiseaux pour les baguer, on peut également les distinguer par les plumes des ailes à partir de la gauche : Pouillot véloce (2), Pouillot fitis (3) et

Pouillot siffleur (4). Si on tient les oiseaux en main pendant la saison des amours, il est possible de distinguer le mâle de la femelle, même si à d'autres périodes, ils ont exactement le même plumage. À cette époque de l'année, le mâle a un cloaque proéminent et la poitrine et le ventre de la femelle sont nus, comme on peut le constater si l'on souffle doucement pour séparer les plumes de son ventre. Ces surfaces de peau nue permettent à la femelle de transmettre directement la chaleur de son corps aux œufs.

Pouillot de Bonelli — Fauvettes
Phylloscopus bonelli — *Sylviidae*

Le Pouillot de Bonelli est une espèce typique du sud de l'Europe présentant des besoins spécifiques pour la nidification. Pendant la période de reproduction, il apparaît à l'étage montagnard et subalpin au sud, à l'ouest et au sud-ouest de l'Europe, ainsi qu'au nord de l'Afrique (Maroc, Algérie). Là, il affectionne la lumière, les bois clairs sur les versants exposés au soleil. La disparition d'un habitat satisfaisant est probablement la raison de son absence totale dans la plupart des montagnes côtières de Yougoslavie, bien qu'il niche en nombre à l'est de l'Italie et dans les Balkans. À l'est, sa répartition recouvre une vaste partie de l'Asie Mineure et la zone limitrophe de la Méditerranée. En général, son territoire est nettement plus petit que celui des espèces précédentes. Il recouvre partiellement celui du Pouillot véloce et du Pouillot siffleur, sans qu'il y ait concurrence pour la nourriture et les sites de nidification, précisément parce que le Pouillot de Bonelli préfère les bois secs et clairs. Ces espèces sont susceptibles de rentrer en contact uniquement pendant la migration et lors de leur arrivée aux quartiers d'hiver, car le Pouillot de Bonelli passe aussi l'hiver dans les vastes savanes au sud du Sahara. Des observations récentes ont montré qu'à l'ouest et au sud-ouest de l'Europe, cette espèce commence à se déployer vers le nord et le nord-est. Toutefois, du fait de ses mœurs secrètes, les observations sur le terrain demeurent rares.

2

La couleur du Pouillot de Bonelli ne diffère que légèrement de celle des autres espèces du genre *Phylloscopus*, mais une observation attentive permet de remarquer quelques traits caractéristiques. Par exemple, sa gorge et sa poitrine blanches le distinguent nettement du Pouillot siffleur, avec lequel il partage des mœurs assez semblables. Il se caractérise également par un sourcil blanchâtre, un croupion jaunâtre et des rémiges bordées d'un liseré vert-jaune (1).

1

Là encore, le meilleur moyen pour l'identifier sur le terrain est son chant agréable et son cri d'appel typique. Le nid, construit à terre, ressemble à celui du Pouillot siffleur, mais les œufs sont moins mouchetés et les taches sont souvent brun-roux ou rouille (2).
Les endroits où l'on trouve le nid et les œufs donnent des indices pour l'identification, car il est peu probable que les deux espèces apparaissent simultanément dans le même bois.

Nombre de personnes pensent que le Troglodyte est le plus petit oiseau d'Europe, mais avec un poids de 5 à 6 g, les Roitelets huppé et triple-bandeau battent tous les records. La taille minuscule du Roitelet huppé ne l'empêche pas de faire preuve d'une grande vivacité et, infatigable, il vole parmi les branches d'épicéa, son arbre préféré, pour nicher et trouver de la nourriture. À l'origine, il vivait probablement uniquement dans les forêts naturelles de sapins implantées en altitude dans les montagnes, mais l'installation de monocultures secondaires d'épicéas à moyenne et faible altitude a énormément étendu ses possibilités de nidification, si bien qu'on le trouve maintenant dans des régions qui, au départ, ne lui convenaient absolument pas. En conséquence, son aire de répartition initialement morcelée a gagné en homogénéité par un processus artificiel. Le Roitelet huppé ne s'est pas encore installé dans les peuplements forestiers mixtes ou de feuillus et évite de même les bois clairs.

La remarquable vitalité du Roitelet huppé est surtout frappante en hiver, car malgré les rigueurs du climat, la plupart des oiseaux restent sur leurs sites de nidification et seuls, ceux vivant à l'extrême nord migrent vers le sud. Les oiseaux installés en Europe centrale et occidentale doivent parvenir, pendant les courtes journées d'hiver, à ramasser suffisamment d'insectes gelés ou dissimulés pour se maintenir en vie. Il est clair que tous les oiseaux n'y parviennent pas sur l'ensemble de la saison hivernale et que la mortalité est relativement élevée. En revanche, les pertes sont compensées par la ponte, deux fois par an, de grandes couvées comptant chacune une dizaine d'œufs.

Le Roitelet huppé a l'apparence d'un membre de petite taille du genre *Phylloscopus,* mais a les ailes barrées de stries blanches. Le mâle adulte (1) se reconnaît à la bande longitudinale jaune orange sur la tête, alors que celle de la femelle est uniquement jaune (2). Les mâles font leur cour en hérissant les plumes de cette bande colorée qui forment alors une huppe; les femelles répondent de la même manière. Les jeunes éclos dans l'année sont entièrement recouverts de plumes ternes, gris-vert, bien que si on les examine de près, quelques oiseaux peuvent présenter de rares plumes jaunes sur le sommet de la tête. Les jeunes du Roitelet huppé (3) et ceux très proches et apparentés du Roitelet triple-bandeau (4) se distinguent par une bande oculaire claire et foncée (chez le Roitelet huppé, les sourcils sont moins marqués).

Roitelet triple-bandeau Roitelets
Regulus ignicapillus *Sylviidae*

Le Roitelet triple-bandeau a les mêmes taille et poids que le Roitelet huppé, auquel il est très étroitement apparenté. Voici encore un cas dans lequel on suppose qu'une espèce unique s'est divisée en deux au cours de l'ère glaciaire. Le Roitelet triple-bandeau s'est probablement développé au sud-ouest de l'Europe, où il habite toujours aujourd'hui, en plus de la région méditerranéenne et de l'Europe centrale et occidentale. Son aire de répartition est nettement plus réduite que celle du Roitelet huppé, mais ces dernières années, on a observé une expansion vers le nord. Malgré tout, il est resté lié à sa terre d'origine et est une espèce migratrice. Les populations du nord migrent vers le sud-ouest de l'Europe ou le nord-ouest de l'Afrique. Le Roitelet triple-bandeau préfère nicher dans les bois mixtes ou de feuillus, mais plus au nord, on le trouve relativement souvent dans les monocultures de sapins, originelles ou secondaires. On n'a pas encore totalement élucidé la façon dont les deux espèces résolvent les problèmes de concurrence pour la nourriture et les sites de nidification. Comme le Roitelet huppé, le Roitelet triple-bandeau mange presque exclusivement de la nourriture d'origine animale. Il attrape parfois ses proies en voletant à l'extrémité des branches ou capture les insectes dissimulés sous les feuilles. Les deux espèces construisent des nids sphériques incroyablement grands, aux parois épaisses, s'ouvrant par un orifice au sommet ; ces nids sont essentiellement composés de mousse et de peluches végétales. Le nid du Roitelet huppé est construit par les deux partenaires, alors que chez le Roitelet triple-bandeau, la tâche incombe entièrement à la femelle, pendant que le mâle apporte « son soutien moral ».

Le mâle se distingue de la femelle par la couleur de son bandeau jaune orange vif (3) sur la tête, alors que celui de la femelle est jaune (1). Les adultes des deux sexes ont des sourcils noirs et blancs, qui soulignent encore plus la couleur du bandeau. Ces couleurs vives sur la tête jouent un rôle dans la communication entre membres de la même espèce dans la végétation dense, notamment pendant la période de reproduction et pour le nourrissage des jeunes après qu'ils ont quitté le nid (2). En ce qui concerne la couleur, il existe une lointaine ressemblance entre le Roitelet triple-bandeau et la Paruline à croupion jaune *(Dendroica coronata)*, espèce américaine (4).

Les manifestations vocales des deux Roitelets sont étonnamment puissantes, surtout le chant sobre et mélodieux des mâles. On peut distinguer les deux espèces en écoutant si les sifflements changent ou non de tons. La mélodie du Roitelet huppé monte et descend, alors que celle du Roitelet triple-bandeau consiste en une série de tons aigus, de même tonalité. Les mâles des deux espèces chantent toute l'année, sauf pendant la mue.

Le Rossignol philomèle a toujours suscité l'intérêt des hommes par l'exceptionnelle beauté de son chant. Certains oiseaux ne sont pas loin de l'égaler, mais n'atteignent jamais la richesse de ses tonalités, ni la diversité de ses phrases musicales. La plupart des spécialistes ont toujours classé le chant du Rossignol philomèle au-dessus de celui du Rossignol progné *(Luscinia luscinia)*, dépourvu du gazouillis typique du Philomèle. Le chant a une fonction très prosaïque, car il sert au mâle à marquer son territoire de nidification, qui doit être suffisamment grand pour lui permettre de se nourrir lui-même et sa partenaire, mais aussi la future génération. Lorsqu'il revient au printemps, le mâle ne cesse de chanter, la nuit comme le jour. Son chant nocturne est une incitation particulièrement douce pour les femelles qui, comme celles de nombreuses autres espèces insectivores, arrivent quelques jours après leurs futurs partenaires. Dès que les soucis familiaux se font jour et que quatre à cinq bouches affamées réclament à manger, le mâle cesse de chanter, car le chant a rempli son rôle biologique ; on ne l'entendra plus avant le printemps suivant. Certains mâles plus âgés chantent mieux que d'autres et certains oiseleurs essayaient de capturer ces spécimens pour les vendre très cher.

Le Rossignol philomèle aime la chaleur et en Europe, il niche donc surtout dans les plaines et régions de collines, où il fréquente les bois clairs de feuillus ou les parcelles d'arbres et d'arbustes pourvues d'un sous-étage dense de buissons. Toutefois, pendant la migration, les mâles s'installent dans d'autres endroits pour chanter.

2

3

La nature a doté le Rossignol philomèle d'une voix exceptionnelle, alors que son plumage est pour le moins banal, essentiellement brun-roux, de la couleur des feuilles mortes. On le reconnaît facilement à son croupion et aux rectrices d'un roux éclatant (1). Les adultes des deux sexes se ressemblent et n'ont jamais le ventre tacheté (2) comme chez le Rossignol progné (3), qui vit en Europe orientale et en Sibérie

1 ♂

4

occidentale. La partie occidentale de l'aire de répartition du Rossignol progné recouvre celle du Rossignol philomèle, mais le premier préfère nicher dans les bois et les taillis à proximité de l'eau. Là où les deux espèces vivent ensemble, le Rossignol philomèle choisit des endroits plus secs, même si, sans faire concurrence au Rossignol progné, on le rencontre aussi près de l'eau. Les jeunes du Rossignol philomèle sont tachetés de la même façon que ceux d'autres membres de la famille des Turdidés (4).

Rouge-gorge *Erithacus rubecula*

Rouge-gorge
Turdidae

Le Rouge-gorge est commun dans tous les types de peuplements forestiers, mais on a plus de chance de le rencontrer dans les forêts s'ouvrant sur des clairières, ainsi que dans des parcs, jardins et vieux vergers. Cet oiseau a besoin d'un sous-étage de végétation dense, composé d'arbustes et de plantes herbacées, car il passe la plupart de son temps dans ces deux strates de végétation. La majeure partie de sa nourriture est d'origine animale ; elle se compose de divers invertébrés que le Rouge-gorge ramasse au sol. En hiver, il chasse parfois près des rivières et cours d'eau non gelés et même dans les eaux peu profondes, s'il y aperçoit une proie alléchante. Son nid, constitué de matériaux d'origine végétale et garni de poils et de plumes, est installé à terre. Bien que le Rouge-gorge fasse son possible pour dissimuler ses 5 à 7 œufs, les pertes, y compris celles touchant les jeunes, sont relativement élevées. Pour les compenser, il niche deux, voire même trois fois dans l'année si le climat est favorable. La dernière couvée compte généralement moins d'œufs et toutes les femelles fertiles ne la pondent pas (règle qui s'applique à la majorité des Passereaux nichant plus d'une fois). Les jeunes quittent toujours le nid avant d'avoir toutes leurs plumes et se cachent dans la végétation à proximité. Ils attirent bruyamment l'attention des parents, mais en cas de danger, se taisent immédiatement. La proportion de baies entrant dans le menu du Rouge-gorge augmente au cours de l'année et pendant l'hiver, lorsque certains individus d'Europe centrale et occidentale restent sur place même si la plupart migrent vers le sud-ouest.

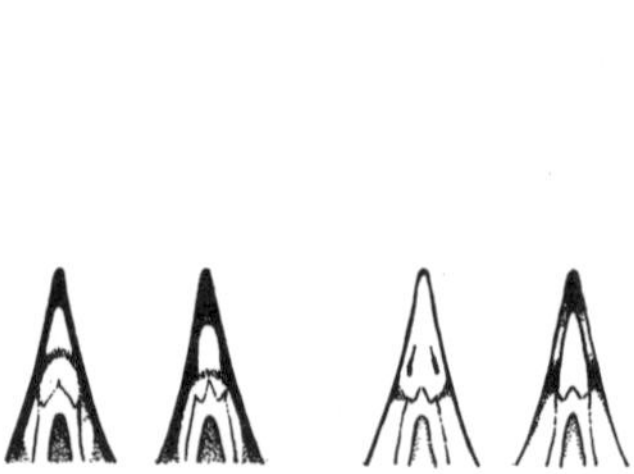

2 3 4 5

Le Rouge-gorge adulte se reconnaît aisément à sa poitrine rouge caractéristique (d'où son nom) et à sa queue marron foncé (1). La dimension et la forme de la tache rouge ne permettent pas de savoir s'il s'agit d'un mâle ou d'une femelle, même s'il a parfois été dit le contraire. Au printemps, on distingue le mieux les deux partenaires à la zone nue sur le ventre de la femelle et au cloaque saillant du mâle, mais il faut alors tenir les oiseaux en main pour

pouvoir les observer en détail. Les oiseaux âgés de moins d'un an se reconnaissent de près aux taches jaunes à la pointe des couvertures alaires, qui disparaissent chez les individus plus âgés. La face interne du bec est grisâtre chez ces derniers (2 — mandibule supérieure, 3 — mandibule inférieure) et jaune chez les jeunes (4 — mandibule supérieure, 5 — mandibule inférieure). Un autre trait caractéristique est le chant agréable et relativement doux du mâle, que l'on entend tôt le matin jusqu'à ce qu'il fasse presque nuit, période à laquelle les autres oiseaux forestiers sont déjà silencieux.

Merle noir *Turdus merula*

Merles et Grives *Turdidae*

Le Merle noir habite les villes et villages d'Europe depuis le siècle dernier, probablement parce que la nourriture y était plus abondante. Les populations originelles vivaient dans tous les types de forêts et à différentes altitudes. Ces Merles noirs « sauvages » se cachaient dans les taillis épais au moindre signe de danger et, lorsque des hommes approchaient, ils alertaient les autres habitants de la forêt par un cri typique. Certains individus européens vivent encore de cette façon. Lorsque l'on va vers l'est, le nombre de Merles noirs dans les communautés humaines tend à diminuer et la majorité d'entre eux nichent en forêt. Le passage de la forêt à la ville a également eu de l'influence sur l'instinct migratoire. La plupart des Merles noirs vivant dans les forêts du nord et de l'est de l'Europe migrent vers le sud-est jusqu'à la région méditerranéenne. Ceux qui vivent dans les agglomérations urbaines migrent sporadiquement et sont surtout des femelles ou des jeunes éclos dans l'année.

Les Merles noirs sauvages construisent leur nid dans les arbustes ou à la cime des petits arbres, alors que les oiseaux des villes nichent dans les bâtiments, ainsi que dans les arbres et buissons des parcs et jardins.

Le Merle noir des villes fait en permanence l'objet de discussions. Bien sûr, il cause des dégâts dans les vergers et les jardins en picorant les fruits et déterrant les plantules. Cependant, il faut garder à l'esprit que les concentrations de Merles noirs dans les zones urbaines sont nettement plus élevées que dans les habitats naturels, si bien que les oiseaux ont parfois des difficultés à s'alimenter. Au printemps, ils subsistent surtout grâce aux invertébrés vivant dans ou sur le sol et compensent ainsi largement les dégâts qu'ils ont pu causer. Quelle que soit l'opinion que l'on ait du Merle noir, on ne peut nier sa contribution esthétique, car c'est véritablement le seul oiseau qui aime chanter dans la jungle de béton de nos villes !

2　　3 ♀　　4 ♂

Le mâle (1), la femelle (3) et les jeunes (2) se distinguent aisément les uns des autres par leur couleur. Le plumage noir uni du mâle est égayé uniquement par le bec jaune à orange, qui a une fonction de communication entre les membres de l'espèce. La couleur des Merles noirs vivant en ville présente plusieurs aberrations, la plus fréquente étant un phénomène d'albinisme chez les mâles (4), dont les plumes foncées sont mêlées à des plumes blanches et produisent ainsi un effet original. Dans les bois, les Rapaces repèreraient probablement très vite ces individus, si bien qu'ils ne pourraient guère atteindre l'âge de la maturité sexuelle. Dans les villes, ils ont de meilleures chances de survie. L'albinisme total est extrêmement rare. Les femelles présentent aussi des aberrations de couleur, mais uniquement dans les tons ocre ou gris.

1 ♂

Voici l'un des plus robustes Turdidés. La Grive draine n'est pas très commune et ne se rencontre que lorsque toutes les conditions favorables sont réunies. Elle niche principalement dans les anciennes forêts de conifères plantées de grands arbres, mais aussi parfois dans les bois de feuillus. À la différence du Merle noir et de la Grive musicienne, elle ne montre pas d'attachement prononcé pour la civilisation humaine, sauf dans quelques endroits d'Europe occidentale, où elle niche dans les parcs et vergers, et autour des villes. C'est plutôt une espèce de haute et moyenne altitude, qui niche en montagne jusqu'à la limite supérieure des forêts. Son aire de répartition couvre la majeure partie de l'Europe, la Sibérie occidentale, le centre de l'Asie et le nord-ouest de l'Afrique. Les oiseaux qui nichent dans les parties septentrionales et orientales de cette aire, où les hivers sont plus rigoureux qu'ailleurs, sont migrateurs, alors que les populations vivant plus au sud restent sur leur territoire de nidification ou à proximité. Les oiseaux vivant en montagne descendent dans les vallées pour hiverner et remontent au printemps.

La Grive draine construit son nid dans un buisson ou sur un arbre, la hauteur étant indifférente. Le nid se compose de fines brindilles et d'herbe sèche ; il est consolidé par de la glaise, puis garni de matériaux végétaux fins. La femelle pond environ quatre œufs qu'elle couve pendant 14 jours. Les jeunes grandissent très rapidement, quittent le nid avant d'avoir toutes leurs plumes et si la femelle couve une seconde fois, le mâle est chargé de nourrir la première nichée.

2

La Grive draine (1) peut être identifiée en partie par sa taille (plus grande que le Merle noir), mais aussi par son croupion gris et ses sous-alaires blanches caractéristiques, ces deux traits apparaissent nettement lorsque l'oiseau prend son envol (2). Il est difficile de distinguer le mâle de la femelle au premier coup d'œil. Les jeunes ont le dos nettement plus tacheté que les

1

adultes, comme c'est le cas chez les autres membres du genre *Turdus*. On aperçoit surtout la Grive draine lorsqu'elle survole des terrains découverts entre deux zones boisées. Les oiseaux se reposent et élèvent les jeunes dans la forêt, mais trouvent leur nourriture dans les prés et les champs. Ils volent en dessinant des ondulations légères et en poussant des « cris de crécelle ». Le mâle a un chant doux, moins flûté que celui du Merle noir.

Grive musicienne — *Turdus philomelos*

Merles et Grives — *Turdidae*

Comme le Merle noir, cela fait une centaine d'années que la Grive musicienne s'est installée au voisinage de l'homme. Toutefois, elle est nettement moins citadine que le Merle noir et ne construit son nid dans un bâtiment qu'exceptionnellement, préférant les forêts au béton. Le Merle noir, lui, niche normalement dans les agglomérations où les habitations ne sont séparées que par quelques arbres ou de petits parcs, alors que la Grive musicienne s'installe dans les grands jardins et les grands parcs, ou dans les cimetières envahis par les plantes. Du fait de leur superficie importante, ces endroits constituent un véritable oasis pour nombre d'oiseaux fréquentant les grandes villes. De nombreuses Grives musiciennes sont restées fidèles à leur habitat originel et nichent dans les forêts de différents types et à toute altitude, des monocultures de sapins aux bois mixtes ripicoles composés de plusieurs strates de végétation, en bref, pratiquement partout. Sur la majeure partie de l'aire de répartition, les populations citadines et sauvages sont migratrices ; elles ne sont que migratrices partielles dans les îles Britanniques et les régions proches d'Europe occidentale et méridionale. Les oiseaux du Nord hivernent aussi sur les côtes d'Europe occidentale et dans la région méditerranéenne.

Comme les autres Grives, celle-ci a un régime alimentaire très varié composé de végétaux et d'animaux, dont les proportions respectives varient de façon marquée selon la saison. La Grive musicienne mange surtout des vers et des arthropodes vivant dans le sol, mais à partir de l'été, elle s'oriente vers les baies (de gui, par exemple) dont elle rejette les graines dans ses fientes, favorisant la dissémination des plantes.

3

2

La Grive musicienne (1) est légèrement plus petite que le Merle noir et a une queue relativement plus courte. Les taches sombres typiques sous le corps risquent de favoriser la confusion avec la Grive draine, mais la poitrine de cette dernière est blanc brillant, alors que celle de la Grive musicienne est ocre et brunâtre. En vol, on aperçoit les sous-alaires jaunâtres de la Grive musicienne (2), trait fiable pour la distinguer de la Grive mauvis *(Turdus iliacus)*, dont les sous-alaires sont rousses (3). La Grive mauvis passe l'hiver en Europe centrale et occidentale, où elle fréquente les mêmes endroits que la Grive musicienne, surtout là où elle peut trouver des arbres et arbustes produisant des baies.

Le chant de la Grive musicienne nous est familier ; il est aigu, rythmé et puissant, avec répétition de trilles. Le chant du Merle noir comporte nettement moins de phrases musicales ; il est puissant, mais doux au point d'être triste, et est assez variable. Le mâle de la Grive musicienne chante à partir des points les plus élevés de son territoire.

Merle à plastron
Turdus torquatus

Peuplant les montagnes et les régions du Nord, le Merle à plastron est un cousin du Merle noir, auquel il ressemble par la taille et la couleur sombre de son plumage. Son aire de répartition est fortement morcelée, car cet oiseau montre des exigences particulières pour la nidification. À l'origine, c'était une espèce typique des forêts de conifères scandinaves. Pendant l'ère glaciaire, il fit son apparition à des latitudes plus chaudes d'Europe centrale et occidentale. Lorsque le climat se réchauffa, ces populations du Sud se retirèrent dans les montagnes, de la péninsule Ibérique au Caucase, ou bien vers le Nord. À l'heure actuelle, la seule aire de nidification continue se situe au nord-ouest de l'Europe (îles Britanniques et Scandinavie). Le Merle à plastron quitte les régions à climat rigoureux en automne et migre vers la région méditerranéenne et le Moyen-Orient. À des latitudes plus clémentes, seuls quelques oiseaux sont migrateurs ; le reste demeure sur les sites de nidification ou descend au pied des montagnes.

Le Merle à plastron ne fréquente pas un type particulier de forêt, mais il préfère les peuplements de conifères en montagne et on peut même le rencontrer dans la zone de combat (forêt rachitique) située au-dessus de la limite supérieure des forêts continues. Il affectionne les terrains variés où les peuplements forestiers alternent avec les zones herbeuses dans lesquelles il trouve sa nourriture. Son régime alimentaire ressemble beaucoup à celui des autres Merles et Grives; au printemps et en été, ce sont les invertébrés terrestres qui dominent (avec lesquels il nourrit les jeunes), alors qu'en automne et en hiver, il consomme surtout des baies, qu'il arrache délicatement des branches tout en volant.

3 ♂

Deux sous-espèces de Merle à plastron vivent dans la partie européenne de l'aire de répartition. Les mâles de la sous-espèce habitant en Grande-Bretagne et en Scandinavie *(Turdus torquatus torquatus)* ont un plumage plus foncé et un plastron blanc très visible (3), alors que les mâles de la sous-espèce vivant plus au sud *(T. torquatus alpestris)* semblent plus

clairs. En effet, la majorité de leurs petites plumes externes noir grisâtre sont bordées de blanc (1), et certaines des plumes sous le corps s'ornent de stries blanches. Chez les deux sous-espèces, il est impossible de distinguer les jeunes des femelles par le plumage qui, dans les deux cas, est marron foncé moucheté de blanc. Le plastron de la femelle est plus discret que celui du mâle, notamment en automne, lorsque les nouvelles plumes ont un liseré foncé accentué, qui s'atténue partiellement par la suite (2).

Rouge-queue à front blanc
Phoenicurus phoenicurus

Rouges-queues
Turdidae

Le Rouge-queue à front blanc se comporte d'une façon très particulière pendant la parade et le nourrissage des petits, aussi passe-t-il rarement inaperçu. Le mâle a un très joli plumage aux couleurs vives, qu'il utilise pendant la saison des amours pour attirer la femelle vers un trou où nicher, en sortant sa queue rousse, puis sa tête d'un blanc brillant, par l'orifice de la cavité. Lorsqu'il se pose, il n'oublie jamais de secouer les plumes de sa queue et de fléchir les pattes. Ce comportement est typique du Rouge-queue à front blanc et du Rouge-queue noir et est de toute évidence profondément ancré, car à peine les jeunes ont-ils leurs rectrices qu'ils adoptent le même comportement pour signaler leur présence à d'autres membres de l'espèce.

Le Rouge-queue à front blanc habitait initialement les bois mixtes et de feuillus s'ouvrant sur des clairières. Puis, il a fait des apparitions toujours plus fréquentes dans les jardins et les parcs, à proximité des agglomérations. En changeant d'habitat, il a également changé ses habitudes de nidification et plutôt qu'une cavité dans un arbre, il choisit souvent désormais un nichoir, un trou dans un mur, une niche dans un immeuble, ou même dans les cas extrêmes, une boîte aux lettres abandonnée. Un couple de Rouges-queues à front blanc peut apporter beaucoup de joie au propriétaire d'un jardin et seul un ennemi juré de la nature décidera de se débarrasser de ces hôtes si distrayants, surtout lorsque les jeunes sont nés et que les parents rivalisent de l'aube au crépuscule pour leur apporter des insectes.

Le mâle (1) est nettement plus frappant que son parent le Rouge-queue noir *(Phoenicurus ochruros)*, dont la queue rousse est la seule note de gaieté dans le plumage noir grisâtre. Les femelles des deux espèces se distinguent facilement l'une de l'autre, car celle du Rouge-queue noir (3) est nettement plus foncée que sa cousine à front blanc (2). Les jeunes Rouges-queues à front blanc ont un plumage brun-roux tacheté (4), alors que les jeunes de l'autre espèce ressemblent à leurs parents de couleur sombre (5).

Les deux espèces ont un habitat complètement distinct. En général, le Rouge-queue à front blanc rechigne à quitter la forêt, alors que le Rouge-queue noir habite dans les agglomérations et y construit son nid ; il est donc mieux connu que son cousin. Il est aujourd'hui difficile d'imaginer que le Rouge-queue noir nichait jadis uniquement sur les parois rocheuses inaccessibles et sur les versants montagneux en altitude.

1 ♂

Mésange charbonnière
Parus major

La Mésange charbonnière est la plus grande et la plus commune des Mésanges dans la majeure partie de son aire de répartition. Son vaste territoire comprend toute l'Europe, le nord-ouest de l'Afrique, et les régions tempérées et chaudes de l'Asie, excepté les hautes montagnes. Toujours et partout, elle se comporte comme un oiseau arboricole typique, même s'il lui arrive de quitter sa branche pour descendre à terre si elle aperçoit un mets de choix. Elle niche dans tous les types de bois, mais on la rencontre en plus grand nombre dans les peuplements anciens de feuillus ou d'essences mixtes. Elle est également commune dans les parcs et jardins et n'est pas dérangée par la présence de l'homme, au contraire, car elle apprécie la nourriture qu'il lui fournit en hiver (de préférence des graines d'oléagineux) ; parfois, la nourriture est le seul motif qui l'incite à s'installer dans un jardin. Le nid est généralement construit dans une cavité d'arbre ou un nichoir et l'installation de ces derniers joue un rôle non négligeable dans l'augmentation des populations de Mésanges et autres espèces cavernicoles, car le manque de cavités est un facteur limitatif chez ces oiseaux : ne parvenant pas à trouver un trou où nicher, certains couples ne peuvent donner le jour à une nouvelle génération. La Mésange charbonnière accepte non seulement les nichoirs, mais elle peut occuper un tuyau métallique ou de maçonnerie si l'ouverture est à la bonne dimension. Si le diamètre est trop gros, l'oiseau ne se sent pas en sécurité et préfère s'installer ailleurs. Le nid se compose de mousse, poils et plumes ; chaque couvée compte une dizaine d'œufs. Ce chiffre élevé compense les pertes subies pendant l'hiver, car la Mésange charbonnière est sédentaire, ou simplement nomade, sur la majeure partie de son aire de répartition.

2 ♀ 3

1 ♂

Le mâle et la femelle de certaines espèces de Mésanges ne peuvent se différencier par le plumage ou la morphologie. Un examen minutieux de la Mésange charbonnière (par exemple, sur une mangeoire) montre que certaines d'entre elles ont la tête noir brillant et une strie noire courant sous le corps de la gorge à la queue : ce sont les mâles (1). Les femelles (2) ont la tête moins brillante et la strie noire s'interrompt au niveau des pattes. Les jeunes (3) ont les mêmes marques que les parents, mais les couleurs ne sont pas aussi riches.

L'un des traits caractéristiques de la Mésange charbonnière est sans aucun doute sa voix et notamment le chant du mâle, qui attire l'attention par sa sobriété et sa puissance, et commence à s'entendre par les belles journées ensoleillées d'automne et d'hiver.

Voici sans aucun doute l'un des plus jolis membres de la famille. On la distingue des espèces apparentées par son plumage à dominante bleue et jaune. Les deux sexes diffèrent uniquement par les couleurs moins vives et les dessins moins marqués du plumage de la femelle, notamment sur le front et les couvertures alaires.

La Mésange bleue a une façon particulière de prélever sa nourriture. Elle se laisse pendre à l'extrémité d'une brindille au sommet d'un arbre, souvent la tête en bas, et débarrasse la végétation des insectes parasites (surtout oeufs et larves) (1). Lorsqu'elle en a terminé avec une brindille, elle s'installe sur la suivante avec des mouvements de balancier caractéristiques, et poursuit son œuvre utile. Les Mésanges bleues sont des collaboratrices de premier plan pour les arboriculteurs et sylviculteurs. Elles participent en effet à la lutte biologique contre les parasites en dévorant les insectes trop abondants. Là où on a besoin d'elle, on peut l'attirer simplement en installant des nichoirs, en veillant à les mettre en place à la fin de l'hiver pour que les oiseaux les repèrent avant de commencer à nicher.

La Mésange bleue est plus exigeante que la Charbonnière quant à son habitat. Elle préfère les forêts mixtes ou de feuillus ensoleillées, les vergers, parcs et avenues, où elle trouve de bonnes conditions pour nicher et une nourriture animale suffisamment riche dans les vieux arbres. Elle est sédentaire sur la majeure partie de son aire de répartition et seules les populations du nord et nord-est de l'Europe migrent plus au sud. En hiver, les Mésanges bleues chassent sans discontinuer les œufs et larves d'insectes, qu'elles complètent avec des graines d'oléagineux. Il faut placer ces dernières dans les mangeoires en hiver.

2

Le nid de la Mésange bleue est soigneusement garni de plumes et de poils et la nichée (2) est même plus nombreuse que celle de la Mésange charbonnière. La pression pour trouver suffisamment de nourriture est probablement très forte, mais l'instinct de nourrir les jeunes est à ce point développé que les parents continuent de les alimenter un peu une ou deux semaines après qu'ils aient quitté le nid.

La Mésange charbonnière, la Mésange nonnette et la Mésange bleue (3), à partir du haut, peuvent cohabiter dans la même forêt. Afin d'éviter la concurrence pour la nourriture, chaque espèce cherche dans des endroits différents : la Charbonnière dans la

1 ♂

3

partie inférieure des arbres, la Nonnette parmi les branches médianes, et la Mésange bleue dans la cime des arbres et à l'extrémité des branches. La quantité de nourriture consommée dépend de la taille de l'oiseau et à ce titre, la concurrence est réduite.

La Mésange noire est un habitant typique des forêts de conifères, notamment d'épicéas, poussant à haute altitude. L'introduction de monocultures d'épicéas dans les régions de collines et de plaines a considérablement augmenté ses possibilités de nidification, notamment en Europe centrale et occidentale. Son aire de répartition forme une zone continue s'étendant de l'Europe occidentale, traversant les forêts d'Asie, jusqu'à l'est. Au sud de cette zone, des lieux de nidification isolés existent en haute montagne, là où poussent des conifères. On pense qu'il s'agit là des restes de populations de l'ère glaciaire, qui sont maintenant gonflées par les migrateurs venus du Nord. Les populations septentrionales migrent en hiver vers le sud, parfois en nombre si important que l'on parle alors d'invasion. Certains de ces migrateurs atteignent la péninsule Ibérique et l'ouest de la région méditerranéenne, mais la plupart restent en Europe centrale et occidentale. Le voyage est parsemé d'embûches, mais une fois arrivés, les oiseaux ont moins de mal à trouver des sources de subsistance. Les Mésanges noires sédentaires, elles, souffrent du froid et du manque de nourriture. Elles trouvent des aliments à grand peine pendant les courtes journées d'hiver, aliments qui doivent être ramassés en quantité suffisante pour leur fournir l'énergie nécessaire et leur assurer toujours de quoi subsister pendant les longues nuits hivernales. La neige profonde ou accumulée en couche sur les branches, ou bien les gelées et la formation de glace, posent de graves problèmes car les oiseaux ne peuvent atteindre l'écorce des arbres ni les aiguilles d'épicéas renfermant des insectes au stade quiescent. Or, en hiver, l'alimentation de la Mésange noire se compose essentiellement de graines d'épicéas, sapins argentés, pins cembros et hêtres.

2

Le plumage de la Mésange noire (1) semble refléter la lueur sombre des forêts d'épicéas en montagne. Elle est en effet dépourvue des couleurs vives des espèces précédentes et sa tête et son dos noir grisâtre ne sont éclairés que par la tache occipitale blanche et les dessins de même couleur sur les joues. Les deux bandes blanches sur les ailes (2) sont

plus prononcées que chez les autres Mésanges et facilitent l'identification de cette espèce à distance. Parmi les branches, cet oiseau minuscule est remarquablement discret ; il se laisse pendre à l'extrémité des pousses de conifères, en cherchant des mets de choix entre les aiguilles. Son chant flûté et rythmé, composé de deux syllabes distinctes « sitiu sitiu » s'entend, dans les bois d'épicéas, de l'automne au début de l'été ; il se tait uniquement pendant les mauvais jours d'automne, mais reprend dès l'apparition du soleil.

Voici encore une Mésange aux couleurs discrètes. Elle vit dans la majeure partie de l'Europe sauf le sud-ouest, ainsi que dans les régions tempérées d'Asie jusqu'à l'océan Pacifique. Son aire de répartition est plus étendue que celle de la plupart des Mésanges européennes. En Amérique du Nord, elle est remplacée par une espèce très proche, *Parus atricapillus*, que certains ornithologues assimilent à la Mésange boréale.

Il est difficile de définir exactement les besoins de la Mésange boréale en matière de nidification. Elle vit principalement dans les endroits humides et plus particulièrement près des eaux stagnantes ou limpides. Elle ne présente pas d'exigences particulières pour ce qui est du type de végétation et de l'altitude, mais on la rencontre en beaucoup plus grand nombre à moyenne et haute altitude. Sur son site de nidification, elle doit au moins disposer d'arbres partiellement décomposés, dans lesquels les partenaires creuseront une cavité pour nicher. La Mésange nonnette agit de même, bien que plus rarement ; les autres Mésanges occupent des cavités déjà existantes. La Mésange boréale s'installe rarement dans un trou déjà fait ou dans un nichoir. Du fait du travail énorme que représente le forage, puis le garnissage du trou, le mâle participe également aux opérations de construction, et fait donc figure d'exception chez les Mésanges. La femelle couve seule 6 à 8 œufs tachetés de roux, mais est consciencieusement nourrie par le mâle. Une fois les œufs éclos, les parents s'occupent des jeunes toute la journée et les nourrissent encore un certain temps après qu'ils aient acquis leur plumage. Les chenilles composent la plus grosse partie des aliments d'origine animale ; pour ce qui est des végétaux, la Mésange boréale mange surtout des graines sèches de graminées et d'autres plantes herbacées.

2 3

La Mésange boréale se caractérise principalement par le liseré blanc des rémiges secondaires, qui forme une bande claire, visible à bonne distance, sur les ailes repliées (1). Mâles et femelles ont la même couleur. Lorsque l'on peut examiner un oiseau de près (lors du baguage, par exemple), il est difficile de distinguer la Mésange boréale de la Mésange nonnette. Les rémiges constituent un bon critère d'identification, car chez la Nonnette, elles ont quasiment toutes la même longueur (3), alors que chez la Boréale, les plumes externes sont plus courtes d'au moins 5 mm par rapport aux plumes médianes, ce qui explique le dégradé de la queue (2).

La Mésange boréale fréquente la végétation dense à proximité du sol et a une prédilection marquée pour l'ortie brûlante dans laquelle elle se dissimule parfaitement. Autre trait important : son cri d'appel aigu « sidé dé », qu'elle lance sans discontinuer, trahit sa présence.

1

Mésange nonnette — Mésanges
Parus palustris — *Paridae*

La Mésange nonnette ressemble énormément à la Mésange boréale par sa couleur et son aspect, mais les deux espèces ne se reproduisent pas entre elles. De plus, elles ont des mœurs très différentes. Si elles fréquentent la même région, la Mésange nonnette choisit les altitudes basses et la Mésange boréale, les altitudes élevées : elles restent donc éloignées dans l'espace. La Mésange nonnette peuple les bois clairs d'essences mixtes ou de feuillus, implantés dans les plaines ou sur les collines. Elle apparaît souvent dans les vergers, les parcs et les avenues, mais ne se montre pas à proximité de l'habitat humain aussi fréquemment que la Mésange charbonnière. Même en hiver, elle ne visite pas si souvent les mangeoires, surtout lorsqu'elles sont placées dans une zone urbaine, alors que toutes les autres Mésanges hivernant au même endroit visitent les mangeoires installées dans les jardins à la campagne ou à la lisière des bois.

L'aire de répartition de la Mésange nonnette se divise en une partie occidentale et une partie orientale. La première comprend la majeure partie de l'Europe, alors que la seconde se situe à l'est de l'Asie, à peu près aux mêmes latitudes. La séparation s'est évidemment produite à l'ère glaciaire, qui influa le plus profondément sur la composition faunistique de l'Eurasie. Il est possible que dans l'avenir, ces deux aires se rejoignent, car les oiseaux trouveront certainement des conditions de vie satisfaisantes dans la zone intermédiaire.

2 3 4 5

La Mésange nonnette (1) est dépourvue de bandes claires sur les ailes et les dessins sur la tête sont distincts de ceux de la Mésange boréale. La calotte noire s'étend uniquement jusqu'à l'arrière de la tête et est particulièrement brillante chez les adultes des deux sexes, alors que chez la Mésange boréale, la calotte noire est terne et descend jusqu'au cou. Cette dernière s'orne également d'une tache noire plus grande sous le menton, qui descend sur la poitrine. Chez la Mésange nonnette, la tache noire s'arrête près de la mandibule inférieure. Malgré ces différences, l'identification reste parfois très délicate si l'on n'entend pas la voix de l'oiseau. Les démonstrations vocales (chant et cris d'appel) demeurent les critères les plus fiables.

Les dessins sur la tête des Mésanges sont caractéristiques de l'espèce et permettent une identification dans la nature, non seulement par les hommes, mais aussi par les oiseaux eux-mêmes, qui de cette façon peuvent se reconnaître de manière infaillible, comme le montrent ces têtes de Mésange charbonnière (2), Mésange nonnette (3), Mésange boréale (4) et Mésange noire (5).

Mésange huppée
Parus cristatus

La Mésange huppée est une espèce caractéristique des forêts de conifères d'Europe, et pendant la saison de nidification, il est rare de l'apercevoir hors des peuplements denses de pins et de sapins. On la rencontre parfois dans les bois mixtes, mais uniquement où pousse une proportion élevée de conifères. Comme d'autres espèces associées aux sapins, son aire de répartition s'est étendue du fait de l'implantation de monocultures secondaires de résineux. Elle niche donc maintenant à faible altitude, où jadis elle n'aurait pas trouvé un habitat propice, et occupe de nouveaux territoires au nord et à l'ouest de l'Europe. Elle reste dans son aire de nidification toute l'année et d'après le résultat des baguages, les populations septentrionales n'entreprennent pas non plus de longs périples à caractère migratoire. De même, les jeunes oiseaux ne s'éloignent pas beaucoup du nid et l'année suivante, ils essaient de s'installer à proximité. La parade amoureuse se résume à des démonstrations vocales, au cours desquelles les oiseaux, plus souvent qu'à l'habitude, émettent de curieux sons tremblés, s'intercalant parfois chez le mâle, avec son chant simple et discret. La Mésange huppée trouve sa nourriture dans la partie médiane et basse des arbres et, pendant la période de végétation, se nourrit essentiellement d'insectes à différents stades de développement. En hiver, lorsque les insectes sont moins nombreux, elle mange des graines de conifères et fréquente aussi les mangeoires installées en lisière de forêt.

3

La Mésange huppée passe le plus clair de son temps dans les arbres, où son cri tremblé « sisigurr » ou « tsi tsi gurr si gurr » trahit sa présence. Malgré ses couleurs simples, elle est très intéressante d'aspect. La forme et la proportion de noir et de blanc chez la huppe indiquent s'il s'agit d'un mâle (1) ou d'une femelle (2) ; la huppe de la femelle est plus petite et plus terne, mais la différence n'est pas si marquée. Dès que les jeunes commencent à s'emplumer, leur tête se pare d'un embryon de huppe.

À l'instar d'autres Mésanges, la Mésange huppée est un oiseau cavernicole; elle creuse elle-même la cavité dans le bois pourri. Elle accepte aussi les nichoirs s'ils sont installés dans son habitat naturel, et peut même occuper un nid de Rapace, d'écureuil ou de Roitelet. Elle utilise de la mousse, du lichen, du phloème, des poils et des toiles d'araignée comme matériaux de construction. La femelle pond 5 à 7 œufs, qui se reconnaissent à leur calotte mouchetée à l'extrémité arrondie (3).

Mésange à longue queue
Aegithalos caudatus

La Mésange à longue queue est un oiseau aux jolies couleurs et au comportement attrayant. Sédentaire, elle ne s'éloigne guère, même lorsque le climat est rigoureux, et est visible surtout en automne et en hiver, lorsqu'elle forme de petits groupes familiaux qui inspectent les arbres avec agilité. Pratiquement aucun œuf, larve ou nymphe d'insecte, voire même d'araignée, ne peut échapper à son regard perçant. Les Mésanges à longue queue trouvent leur nourriture à la surface des branches et des feuilles, souvent en se laissant pendre la tête en bas et en ne se tenant que par une patte. Dès qu'elles en ont terminé avec un arbre, elles s'envolent avec des mouvements ondulés, émettant des sifflements et cris d'appel aigus, jusqu'à un autre arbre sur lequel elles reprennent leur festin.

Les oiseaux qui survivent l'hiver quittent le groupe au printemps pour former des couples. Ceux-ci s'installent globalement dans la même zone que celle dans laquelle le groupe avait trouvé de la nourriture en hiver. Les nids sont construits relativement loin les uns des autres et ne forment donc pas une colonie. Les deux partenaires collectent les matériaux pour la construction du nid. Ils ne se séparent pratiquement pas, mais se mettent au travail à tour de rôle : chaque oiseau revient avec son butin dans son bec et attend que l'autre ait terminé pour travailler à son tour. Le nid est composé de phloème et autres fibres végétales, toiles d'araignée, chatons de peuplier et de saule ; il est garni de poils et de plumes. C'est une structure ovoïde (4) parfaitement dissimulée car recouverte de mousse et de lichen poussant à proximité, si bien qu'on ne la découvre que lorsque les parents reviennent avec de la nourriture.

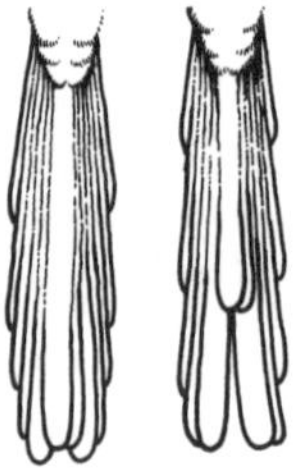
5 6

La couleur de la tête de la Mésange à longue queue varie selon les sous-espèces. Les oiseaux du Nord ont une tête blanche (1), alors que ceux d'Europe méridionale ont un sourcil noir (3) ; à travers l'Europe centrale, il existe une région relativement étendue où les deux espèces se reproduisent entre elles, donnant le jour à des formes à la tête très variée (2). De près, on peut déterminer l'âge de l'oiseau à la configuration des plumes de la queue. Si les plumes médianes sont relativement courtes, l'individu a moins d'un an (6) ; chez les oiseaux plus âgés, les rectrices ont toutes la même longueur (5).

Les membres de cette famille sont les seuls oiseaux d'Europe à pouvoir descendre la tête la première le long des arbres et des rochers. La Sittelle torchepot est commune dans les forêts d'Europe et dans les zones tempérées d'Asie. Elle fréquente surtout les bois composés d'essences mixtes ou de feuillus, à basse et moyenne altitude. Parfois, elle s'installe dans un petit peuplement d'épicéas ou de pins, mais elle doit pouvoir trouver des feuillus à proximité. Elle n'essaie pas de se cacher sur son site de nidification, mais grimpe du bas en haut des arbres en lançant son cri d'appel puissant. Au printemps, les bois retentissent de son chant d'amour flûté. La Sittelle torchepot a des griffes et des doigts puissants qui lui permettent de s'agripper à l'écorce rugueuse et lorsque le temps est humide, elle peut même s'attaquer à des troncs plus lisses. Elle possède une technique différente de celle des Pics et des Grimpereaux, qui utilisent toujours leur queue comme une troisième patte. Comme les Pics, la Sittelle torchepot a un bec puissant, pointu pour déloger les proies des fissures d'écorce, mais ni ses mandibules, ni son crâne ne sont adaptés pour le tambourinage; le mieux qu'elle puisse faire, c'est enfoncer une graine dans une fente de l'écorce en donnant quelques coups bien ajustés, sa manière à elle de faire des stocks en prévision des jours de pluie. Si on l'observe à une mangeoire, on remarque qu'elle prend une seule graine à la fois, à intervalles courts et réguliers et va la cacher un peu plus loin. Elle dévore aussi les insectes les plus communs et contribue donc à maintenir leurs populations dans des limites raisonnables.

2 ♂

La Sittelle torchepot niche habituellement dans un trou d'arbre, mais accepte aussi les nichoirs, notamment si elle ne trouve pas de cavités naturelles. Lorsque la femelle juge que l'entrée du trou est trop grande, elle la réduit en mélangeant de la terre à sa salive, laissant une ouverture juste assez grande pour s'y glisser (1). Le nid est garni de petits morceaux d'écorce, notamment de pin, à la recherche desquels la femelle peut s'éloigner du nid de plusieurs centaines de mètres.

La Sittelle torchepot vole très

1 ♀

rapidement, avec des mouvements ondulés et trouve son chemin à travers les branches de façon très habile. On la reconnaît à son dos gris-bleu, aux plumes des ailes sombres et à sa queue courte, noire et blanche (2). Le mâle se distingue de la femelle par la teinte fauve plus vive sous le corps.

Grimpereau des bois, Grimpereau familier Grimpereaux
Certhia familiaris *Certhiidae*

Le Grimpereau des bois étant un petit oiseau discret des forêts d'Eurasie et d'Amérique du Nord, on a en fait plus de chance de rencontrer son nid, qu'il construit dans un trou d'arbre ou sous un morceau d'écorce décollée, voire même dans la fissure d'un bâtiment, derrière une poutre ou dans un tas de bois. Dans ces trois derniers endroits, il attire l'attention à coup sûr, car le nid, relativement grand, est fait de brindilles sèches. C'est la femelle qui se charge d'une grande partie de la construction. Elle améliore la structure de base en rajoutant des fibres végétales, des plumes et des poils. Elle couve 5 à 6 œufs tachetés pendant environ deux semaines et les deux parents alimentent les jeunes pendant encore deux semaines lorsqu'ils sont au nid, puis quelques jours après qu'ils l'aient quitté. Les jeunes sont alors capables de voler parmi les arbres proches.

Les deux espèces de Grimpereaux se nourrissent presque exclusivement d'invertébrés ramassés à la surface ou dans les fissures d'écorce avec leur bec long et pointu. Les Grimpereaux ont une technique d'escalade particulière. Ils partent du pied de l'arbre et grimpent en spirale par petits sauts jusqu'au sommet et descendent en volant jusqu'au pied d'un autre arbre pour recommencer le même manège. Ils se servent essentiellement de leurs doigts puissants et de leurs longues griffes, sans oublier le support fourni par les rectrices rigides et pointues.

2 3

Le Grimpereau des bois, qui est nettement plus petit qu'un Moineau, a un corps très mince, qui semble encore plus fin du fait de la longue queue et du long bec (1). Le plumage moucheté de brun et de blanc sur le dos et les flancs, est un camouflage idéal et rend l'oiseau invisible lorsqu'il grimpe sur l'écorce. Le dessous du corps, blanc à l'origine, devient souvent gris ou brun au contact des troncs. Dans la nature, il est

1

impossible de distinguer la femelle du mâle, mais le chant agréable et sobre permet de reconnaître ce dernier. Il est difficile de différencier le Grimpereau familier du Grimpereau brachydactyle à moins de tenir les oiseaux en main pour les examiner de près. Le premier (2) a le bec plus court que le second (3), mais a le doigt arrière pourvu d'une griffe plus longue.

Grimpereau brachydactyle, Grimpereau des jardins

Certhia brachydactyla — Grimpereaux *Certhiidae*

Le Grimpereau brachydactyle ressemble beaucoup au Grimpereau familier ; tous deux proviennent du même ancêtre. Comme dans de nombreux cas, la formation de ces deux espèces trouve son origine à l'ère glaciaire. Certains spécialistes estiment que le Grimpereau brachydactyle s'est développé à partir d'ancêtres vivant dans les forêts de feuillus autour de la Méditerranée, alors que le Grimpereau des bois proviendrait de formes qui, avant la période de glaciation, se sont retirées vers les forêts de conifères d'Asie centrale. Le Grimpereau brachydactyle niche au nord-ouest de l'Afrique, dans une grande partie de l'Europe, jusqu'en Asie Mineure et au Proche-Orient, où il n'apparaît que sporadiquement et semble être un habitant relativement récent. Il ne s'est pas répandu vers le nord-ouest en Grande-Bretagne, où le Grimpereau familier peuple tous les types de bois et forêts. En Europe, lors de la nidification, ces deux Grimpereaux sont présents dans des habitats distincts. Le Grimpereau brachydactyle préfère les bois clairs de feuillus ou mixtes composés de grands arbres, mais il fréquente aussi les parcs et les avenues à faible altitude. À plus haute altitude, jusqu'aux forêts d'épicéas en montagne (y compris les monocultures secondaires), il est remplacé par le Grimpereau familier. Les deux espèces sont sédentaires ; elles restent dans la zone où elles sont nées et conservent le même site de nidification. En hiver, elles rejoignent parfois les troupes de Mésanges nomades, mais ne s'éloignent jamais beaucoup. Seules, les populations les plus septentrionales de Grimpereaux familiers quittent parfois leurs sites de nidification en masse. Les Grimpereaux brachydactyles ne vivent jamais dans des régions aussi septentrionales et sont sédentaires sur la majeure partie de leur aire de répartition.

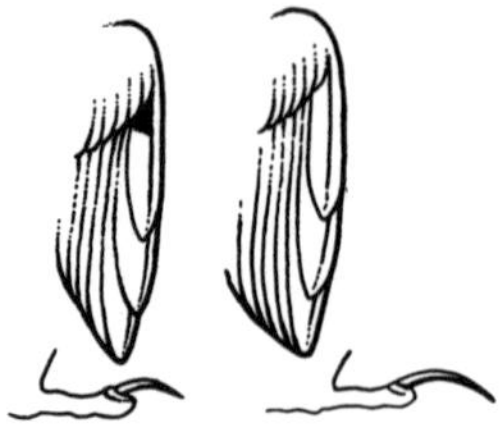

La couleur du Grimpereau brachydactyle (1) diffère de celle du Grimpereau familier par quelques détails. Ainsi, le blanc sur le ventre s'additionne de tons bruns sur les flancs, jusque sous les ailes. Si l'on tient les oiseaux en main, on constate que la griffe du doigt arrière ne mesure qu'entre 7 et 9 mm chez le Grimpereau brachydactyle (2), contre 8 à 11,5 mm chez son cousin (3). Le premier est pourvu d'une tache sombre au niveau

1

des poignets sous chaque aile, et une bande blanche court le long de ces dernières. Pour identifier l'oiseau dans la nature, notamment pendant la période de nidification, il est conseillé de tenir compte du type d'habitat. Sur le terrain, une identification fiable des deux espèces n'est possible que si l'on connaît leur cri d'appel et leur chant, que l'on entend dès la fin de l'hiver, par les belles journées ensoleillées.

Troglodyte
Troglodytes troglodytes

Le Troglodyte est un des oiseaux les plus familiers. On pense souvent que c'est le plus petit oiseau d'Europe, or le Roitelet huppé et le Roitelet triple-bandeau le battent sur ce terrain. Ils sont aussi plus légers que le Troglodyte (5 à 6 g, contre 9 à 10 g).

Il n'est vraiment pas facile d'observer le Troglodyte qui affectionne la végétation dense, à proximité du sol, dans les bois humides de tous types implantés à toutes altitudes, et de préférence traversés par un cours d'eau. Le Troglodyte est classé parmi les oiseaux sédentaires, mais certains individus des régions les plus froides d'Europe et d'Amérique du Nord migrent vers le Sud et le Sud-Ouest. Les autres errent autour de leur territoire de nidification et font même des apparitions aux alentours sur les terres en friche, les roselières et les jardins abandonnés, où ils ne nichent pas. La saison des amours est très intense pour les deux partenaires, mais à des périodes distinctes. Le mâle construit jusqu'à dix nids sur son territoire, le plus souvent sur le sol ou à proximité, entre des racines ou dans des endroits bien dissimulés. Par des mouvements de séduction et grâce à son chant impressionnant, il parvient à attirer une femelle. Celle-ci choisit l'un des nids, achève de le garnir, puis commence à pondre. L'intérêt du mâle retombe alors, et parfois, il ne participe même pas à l'élevage des jeunes que la femelle doit nourrir seule. Pendant ce temps, le mâle courtise d'autres femelles, dont certaines succombent à ses attentions ; certains mâles sont donc polygames.

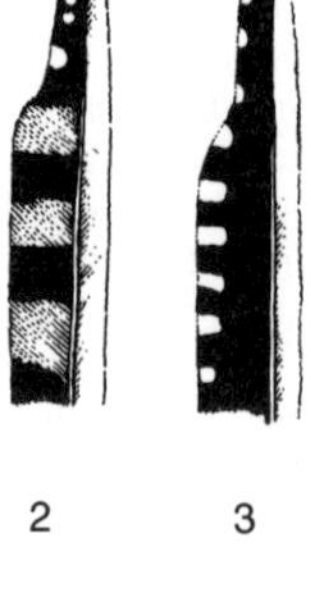

2 3

Le Troglodyte (1) est un petit oiseau plein de vitalité qui donne des coups de queue en permanence et fait « la révérence » d'une façon tout à fait comique qui facilite son identification. Il est quasiment impossible de différencier mâles et femelles à leur plumage, mais les jeunes de l'année (3) se distinguent

des oiseaux plus âgés (2) par les barres sur les ailes.

La meilleure façon d'évaluer une population de Troglodytes sur un territoire donné consiste à écouter le chant du mâle, incroyablement puissant pour la taille de l'oiseau (il est amplifié par des poches d'air que possèdent la plupart des oiseaux). Ce chant charme l'oreille humaine autant que les femelles Troglodytes. On entend aussi fréquemment ses cris d'appel ou d'alarme peu mélodieux, qui sonnent comme une crécelle.

Loriot d'Europe
Oriolus oriolus

Loriots
Oriolidae

La couleur du plumage de ce Loriot témoigne de toute évidence de son origine tropicale et le mâle en particulier est un des oiseaux d'Europe à l'aspect le plus étonnant. D'autres oiseaux ont également des couleurs vives, mais rarement d'une telle intensité, ni avec de tels contrastes. On a le plus de chance d'apercevoir le Loriot d'Europe lorsqu'il vole d'un bosquet ou verger dans un autre. Sinon, il se cache dans le feuillage touffu à la cime des arbres. Il niche dans de grands parcs, où petits bois et prairies alternent avec vignes et vergers. On est généralement informé de sa présence par le chant du mâle, inoubliable par sa puissance, son ton mélodieux et flûté faisant « luolio ». Les deux partenaires ont une gamme vocale très riche, mais ils produisent aussi des sons rauques, moins agréables.

Le Loriot d'Europe hiverne au nord-ouest de l'Afrique et dans la zone tempérée d'Eurasie, jusqu'en Inde. C'est le seul membre de cette famille aimant la chaleur, dont l'aire de répartition s'étend si loin au Nord. Il est strictement migrateur, les populations d'Asie centrale migrant vers l'Inde, et les autres au sud du Sahara (principalement dans la partie orientale). Les oiseaux arrivent à leurs sites de nidification fin avril ou en mai, lorsque les arbres portent suffisamment de feuilles ; ils repartent dès la fin de juillet ou en août. La majeure partie de l'année, ils se nourrissent surtout d'animaux (invertébrés aux différents stades de développement et chenilles velues), mais consomment des fruits charnus à la fin de l'été.

2 ♂

Le Loriot d'Europe a un vol rapide, ondulé. Le mâle ressemble à une flèche jaune et noire (2) alors que la femelle verdâtre (1) et les jeunes ont des tons plus unicolores, assurant leur camouflage. Le nid, véritable œuvre d'art, est ingénieusement suspendu comme un petit panier à la fourche d'une branche horizontale, au sommet de l'arbre. En règle générale,

c'est la femelle qui le construit avec de l'herbe sèche et des lambeaux de phloème, savamment tissés autour du support de brindilles. Le nid est garni de plumes et de poils. Les trois ou quatre jeunes sont consciencieusement nourris par les deux parents pendant les deux semaines qu'ils passent au nid, puis encore quelque temps après. À la différence de la majorité des oiseaux chanteurs, dont les familles se séparent dès que les jeunes ont quitté le nid, celle du Loriot d'Europe reste unie jusqu'à la migration ; par contre, les oiseaux migrent individuellement.

Gros-bec casse-noyau Fringilles
Coccothraustes coccothraustes *Fringillidae*

Le Gros-bec habite les régions tempérées d'Eurasie, ainsi que le nord-ouest de l'Afrique. Les individus vivant au nord et au nord-est de l'aire de répartition migrent régulièrement vers le sud-ouest en hiver et sont des migrateurs vrais ; les déplacements des oiseaux habitant le reste de l'aire de répartition sont irréguliers et essentiellement motivés par les besoins en nourriture : ces oiseaux sont donc erratiques. Le Gros-bec casse-noyau niche dans les forêts de feuillus ou mixtes (principalement de chênes et charmes) à basse et moyenne altitude, voire même dans les parcs des agglomérations plantés de grands arbres solitaires.

Pendant la migration et durant l'hiver, le Gros-bec fréquente les habitats les plus divers, des forêts aux terres en friche envahies par les plantes herbacées riches en graines, c'est-à-dire là où il sait pouvoir trouver de grandes quantités de graines sèches. Il affectionne les graines de conifères et de feuillus, ainsi que les pépins et noyaux de fruits. Le trait le plus marquant de cet oiseau est son bec épais, qui lui permet de casser les noyaux de cerises et de prunes sans difficulté. Il n'est guère intéressé par la pulpe du fruit, qu'il élimine avec dextérité, mais recherche le germe du futur arbre. Il tourne le noyau dans son bec pour le placer correctement, puis l'écrase entre ses deux mandibules : le noyau s'ouvre avec un bruit sec et l'oiseau dévore l'amande. Certains se plaignent parfois des dégâts causés par le Gros-bec dans les vergers de cerisiers, mais les oiseaux ne sont pas assez nombreux pour entraîner des pertes importantes et de plus, ils ne consomment pas que des cerises cultivées.

3 ♂

4 ♀

5

1 ♂

2

Son allure trapue caractéristique permet de distinguer assez facilement le Gros-bec casse-noyau des autres oiseaux de même taille. Il est aussi gros qu'un Étourneau, mais sa tête et son bec massifs ainsi que la forme de ce dernier contrastent avec sa courte queue. Au premier abord, il dégage une allure lourdaude, alors qu'il a un vol rapide et ondulé, au cours duquel on aperçoit bien les motifs clairs sur les ailes et la queue (2). Lorsqu'il vole ou ramasse de la nourriture, l'oiseau ne cesse de lancer son petit cri d'appel aigu. Les familles comptant des jeunes restent formées assez longtemps et sont particulièrement bruyantes. Le chant du mâle, composé de tons grinçants, est discret. Le mâle (1, 3) a des couleurs plus riches et un plumage plus brillant que la femelle (4), qui se reconnaît à ses teintes plus ternes, notamment sur la tête. Les jeunes ont des dessins en écailles sous le corps (5). Pendant la saison de nidification, le bec des adultes est gris-bleu, sinon il a la couleur de la corne.

Chardonneret Fringilles
Carduelis carduelis *Fringillidae*

Le Chardonneret est habituellement décrit perché sur un chardon ou une bardane, dont les graines constituent sa nourriture favorite. Il ne méprise pas les mauvaises herbes produisant de petites graines, comme le pissenlit et la chicorée. Au printemps et en été, il attrape également de petits insectes et montre un appétit particulier pour les pucerons. La spécialisation alimentaire du mâle et de la femelle est tout à fait intéressante. Avec son bec légèrement plus long, le mâle prélève les graines insérées le plus profondément dans les fleurs de chardon, alors que la femelle doit se contenter des graines en surface. En automne, les Chardonnerets survolent, souvent en compagnie d'autres oiseaux, les terrains vagues, les agglomérations riches en mauvaises herbes et les champs non labourés, à la recherche de nourriture. Lorsqu'il n'y a plus de quoi manger, ils changent d'endroit, indifférents à la direction qu'ils prennent. Seuls, les individus originaires du nord de l'Europe et de l'Asie migrent vers le Sud-Ouest pour passer l'hiver dans la région méditerranéenne, où ils accroissent les populations locales sédentaires. Au printemps, comme leurs collègues nomades, ils rejoignent leurs sites de nidification. Ils préfèrent les régions cultivées où alternent champs, vergers et bosquets ensoleillés. Ils délaissent les forêts denses, ou ne nichent qu'en lisière, mais recherchent de toute façon leur subsistance sur les terrains découverts, où ils sont assurés de trouver des plantes à graines. Les mâles poussent leur agréable gazouillis, en effectuant des mouvements vifs.

2

Le plumage du Chardonneret (1) est plus joli et plus varié que celui des autres oiseaux d'Europe. Dans la nature, le dimorphisme sexuel semble peu prononcé, bien que le masque rouge de la femelle ne s'étale qu'à moitié entre les deux yeux. Pour identifier à coup sûr les oiseaux, il faut les tenir en main.

Les jeunes se distinguent très facilement des parents par leur plumage

1 ♂

brun orné de barres sombres. Ils sont dépourvus de la coloration typique au niveau de la tête, mais ont déjà des motifs jaunes, noirs et blancs sur les ailes (2). La couleur des ailes, de la tête et de la queue est nettement visible pendant le vol (3), au cours duquel les oiseaux ne cessent de s'appeler de leur cri caractéristique « tsvit wiit wiit », impossible à confondre avec un autre. Du fait de sa couleur, de sa vivacité et de son chant, le Chardonneret était un des oiseaux de cage les plus populaires. Aujourd'hui, c'est une espèce protégée dans la plupart des pays.

3

Tarin des aulnes Fringilles
Carduelis spinus *Fringillidae*

Le Tarin des aulnes est un autre oiseau de cage populaire. Il n'a pas des couleurs aussi éclatantes que le Chardonneret, mais est élégant et ne perd ni de sa vivacité, ni de son gazouillis joyeux lorsqu'il est en cage. Son cri d'appel flûté est aussi très agréable. Autre raison de sa popularité comme oiseau de cage, le Tarin des aulnes se contente d'un peu de graines de chanvre, de colza ou de pavot. Dans son milieu naturel, son alimentation est beaucoup plus variée et se compose de graines de plusieurs mauvaises herbes, de conifères, d'aulnes et de bouleaux. C'est dans ces arbres que l'on a le plus de chance de l'apercevoir en automne et en hiver. Il fréquente les arbres en petit groupe et inspecte bouleaux et aulnes à la recherche de graines, en jacassant et en se querellant sans cesse. Il ne cherche sa nourriture à terre que lorsque les graines sont tombées ou qu'il ne peut les prélever sur les arbres à cause du gel. Le Gros-bec se regroupe lui aussi autour des sources et des cours d'eau, en partie pour boire, mais surtout pour prendre un bain, même en hiver. Au printemps, ces groupes erratiques retournent vers des altitudes ou des latitudes plus élevées, forment des couples et nichent à la cime des conifères, où leur nid est très difficile à repérer. À la fin de l'été, les familles se rassemblent de nouveau en troupes et balaient la campagne.

3 ♂

La femelle du Tarin des aulnes (1) n'a pas de calotte noire et se pare de couleurs moins vives que le mâle (2), dont certains sont dépourvus du point noir sous le bec (3). Le mâle était particulièrement apprécié par les oiseleurs pour son chant mélodieux et son cri d'appel répété. Ce dernier point est particulièrement important, car les jeunes oiseaux qui se regroupaient dans

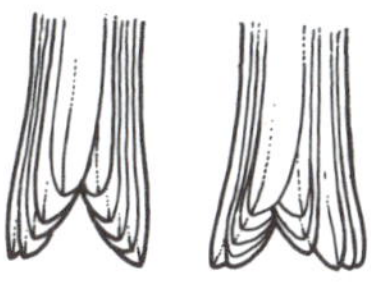

4 5

la nature étaient attirés, puis capturés grâce aux cris d'oiseaux de la même espèce gardés en cage. On sait également déterminer l'âge des oiseaux : les rectrices des individus d'un an (4) sont plus lisses et plus pointues que celles des oiseaux plus vieux (5). L'âge d'autres petits oiseaux chanteurs peut être évalué selon le même principe.

Sizerin flammé
Carduelis flammea

Fringilles
Fringillidae

Voici une des rares espèces dont les sous-espèces méritent d'être mentionnées. Deux d'entre elles, différant principalement par la couleur, l'aire de répartition et le milieu de nidification, vivent en Europe. *Carduelis flammea flammea* niche dans la taïga arborée de l'Ancien et du Nouveau monde et migre généralement vers le Sud en hiver. La migration revêt parfois le caractère d'une invasion, si bien que certaines années, on ne rencontre pratiquement aucun Sizerin flammé en Europe centrale et occidentale, alors que d'autres années, les terrains vagues, terres en friche et notamment les plantations de bouleaux en sont envahis. Les oiseaux extraient les graines des cônes avec beaucoup d'habileté, en s'installant au bout des fines brindilles dans des positions véritablement acrobatiques. Tôt au printemps, ils quittent leurs quartiers d'hiver pour rejoindre leurs sites de nidification situés à proximité du cercle arctique.

La sous-espèce originaire d'Europe centrale *(C. flammea cabaret)* habitait à l'origine la Grande-Bretagne et les Alpes. Toutefois, au cours des dernières décennies, on a constaté une augmentation remarquable du nombre d'oiseaux et de sites de nidification en Europe centrale et occidentale. Dans les îles Britanniques et dans les Alpes, cette sous-espèce choisit un habitat ressemblant un peu à son habitat d'origine dans l'extrême nord. Par contre, à basse altitude, de nouveaux sites de nidification apparaissent dans les parcs peu denses (souvent à proximité de l'eau) et dans les parcs des villes. Pendant l'hiver, ces oiseaux hantent des lieux identiques à ceux fréquentés par la sous-espèce des toundras (notamment les bois de bouleaux).

3 ♂ 4 ♂

La femelle du Sizerin flammé des toundras (1) est dépourvue de la tache rose qui orne la gorge du mâle (2), excepté certaines femelles plus âgées qui ont quelques plumes colorées sur le jabot. Leur plumage est plus gris que celui de la sous-espèce d'Europe centrale, qui prend une teinte brune chaude. Chez la sous-espèce d'Europe centrale, le mâle a une bavette rose plus foncée (3) que la sous-espèce arctique. Les jeunes des deux sous-espèces sont

plus difficiles à distinguer, mais le lieu d'observation est un bon indice, puisqu'elles nichent dans des zones géographiques totalement distinctes.

La Linotte mélodieuse *(Carduelis cannabina)* a des couleurs identiques et vit en Europe. Dans sa livrée nuptiale, le mâle (4) a la tête et la poitrine rouge vif, mais est toujours dépourvu d'une tache noire sous le menton.

Le Pinson des arbres présente une grande adaptabilité quant à son environnement. Pendant la saison de nidification, il apparaît dans les bois de tous types et tous âges, dans les taillis, sur les avenues, dans les jardins et les parcs. De l'automne au printemps, on le rencontre plus souvent sur les terres non boisées où poussent des plantes à graines, ou bien à proximité de l'habitat humain (où il fréquente régulièrement les mangeoires) ou des élevages (pour profiter de la nourriture des animaux). Il peuple l'ensemble de l'Europe, le nord-ouest de l'Afrique et les régions les plus occidentales d'Asie. Les oiseaux vivant le plus au nord de l'aire de répartition migrent généralement au sud, sans dépasser la région méditerranéenne. Aux latitudes plus tempérées, certains oiseaux hivernent sur leurs sites de nidification ; ce sont généralement les vieux mâles qui restent derrière, même si certaines femelles passent aussi l'hiver près de l'habitat humain. Pendant l'hiver, le Pinson des arbres mange des graines sèches de plantes herbacées et ligneuses, additionnées de bourgeons ; du printemps à l'automne, il se nourrit surtout d'insectes qu'il capture sur les branches ou à terre.

Le Pinson des arbres construit habituellement son nid dans un arbre ou des buissons. Celui-ci est formé d'herbe et de petites racines, mais comme il est recouvert de mousse et de lichen prélevés sur l'arbre où il se trouve, il faut avoir un œil exercé pour l'apercevoir. L'intérieur est chaudement garni de poils et de plumes. La femelle couve seule les œufs et nourrit également les jeunes plus souvent que le mâle. Les parents leur donnent des insectes qu'ils stockent dans leur jabot avant de les régurgiter dans les bouches avides.

Le dimorphisme sexuel reste marqué toute l'année au niveau du plumage (1, 2). Le Pinson des arbres (3) se distingue du Pinson du Nord (4) assez proche, par son croupion brun-vert, les larges bandes claires sur les ailes et les rectrices externes blanches. En hiver, là où les graines abondent, les deux espèces apparaissent ensemble, mais leur cri d'appel est assez différent, ce qui permet de les distinguer. Celui du Pinson des arbres est le « pink pink » bien connu ; celui du Pinson du Nord ressemble soit à « tié », soit à « tchek tchek ». Au printemps, le chant du mâle du Pinson des arbres et celui du Merle noir, sont les plus mélodieux que l'on puisse entendre en ville. Dans son milieu naturel, le Pinson des arbres mâle est un des meilleurs chanteurs. Les jeunes font leurs premières tentatives vocales en été et en automne.

Pinson du Nord Fringilles
Fringilla montifringilla *Fringillidae*

À la différence du Pinson des arbres, celui du Nord ne fréquente la majeure partie de l'Europe qu'en dehors de la saison de nidification. C'est un habitant typique des forêts de conifères et des bois de feuillus de la toundra poussant au nord de l'Europe et de l'Asie ; il vit là de la même façon que le Pinson des arbres, qui ne niche pas à ces latitudes septentrionales. Pour échapper à l'hiver arctique rigoureux, le Pinson du Nord quitte son site de nidification dès que les jeunes sont « émancipés ». Il se déplace alors vers les endroits où il peut trouver suffisamment de graines, son mets favori. Il ne se montre guère difficile et ne peut résister aux faînes de hêtres : il est capable de nettoyer un endroit riche en faînes jusqu'à ce qu'il n'en reste plus une seule. Si une troupe de Pinsons du Nord affamés s'installe dans une hêtraie, les oiseaux se mettent au travail en silence et on n'entend plus que le bruit des graines qui s'ouvrent et le bruissement des enveloppes laissées à terre. En été, le Pinson du Nord mange surtout des insectes et en nourrit ses jeunes. Certaines années, les migrations d'automne ressemblent à des invasions ; elles s'achèvent généralement en Europe centrale et occidentale, mais certains groupes poursuivent jusqu'à la région méditerranéenne et au sud-ouest de la France. L'apparition en masse des Pinsons du Nord pendant la migration (notamment dans le cas d'une invasion) était attendue des oiseleurs, qui les attrapaient pour la table, pratique qui appartient heureusement au passé. Les Pinsons du Nord étaient mis en cage moins souvent que les autres Fringilles, car ils sont très difficiles à apprivoiser et leur chant n'est pas particulièrement mélodieux.

3 ♂

Au printemps, le Pinson du Nord paré de son plumage nuptial (1) est un des oiseaux les plus étonnants. De l'automne au début du printemps, les bords externes des plumes noires de la tête, du cou et du dos s'ornent d'un liseré brun, donnant à l'oiseau un aspect plus sobre (3). Pendant l'hiver, ce liseré s'estompe et quand la saison des amours approche, le mâle déploie ses belles couleurs sans avoir eu besoin de muer. La femelle (2)

conserve le même aspect tout au long de l'année ; ses couleurs sont plus ternes et elle est dépourvue des plumes noir de jais du mâle. Le Pinson du Nord a un croupion blanc caractéristique, que l'on aperçoit le plus distinctement lorsque l'oiseau surpris prend son envol. S'il est dérangé, ou lorsqu'il vole d'un arbre à l'autre, il émet en permanence les cris typiques « tié » et « tchek ».

Bouvreuil pivoine Fringilles
Pyrrhula pyrrhula *Fringillidae*

Le Bouvreuil pivoine attire surtout l'attention en hiver, lorsque des groupes de mâles joliment colorés, accompagnés de femelles aux teintes plus discrètes, font leur apparition en périphérie des agglomérations. Sur la majeure partie de son aire de répartition, le Bouvreuil pivoine est un oiseau erratique. Seules, les populations qui vivent dans la taïga au nord de l'Europe et de l'Asie migrent régulièrement vers le Sud sur les deux continents. Hors la période de nidification, le Bouvreuil pivoine quitte les forêts de conifères à moyenne et haute altitude pour les plaines et les collines où il a moins de mal à assurer sa subsistance. Les populations septentrionales n'ayant pas souffert du contact avec l'homme se laissent approcher à quelques mètres. À cette période, les oiseaux mangent des fruits secs et charnus, ainsi que des graines de sureau, arroche, églantier, troène, sorbier des oiseleurs et autres plantes herbacées et ligneuses, qui attirent l'oiseau dans les parcs et les jardins. À la différence des Fauvettes, Grives et Merles, le Bouvreuil pivoine n'est pas intéressé par la partie charnue des fruits et des baies, mais par les graines. Avec son bec puissant, il ouvre l'enveloppe de ces dernières et avale le contenu. À la fin de l'hiver, lorsque graines et baies se raréfient, il se tourne vers les bourgeons des arbres à feuillage caduc ; du fait de ses effectifs réduits, il ne cause pas de gros dégâts. À la fin du printemps, il mange surtout des graines de pissenlit, qu'il récolte à terre dans les champs. Les jeunes sont d'abord nourris avec des graines épluchées. Parfois, le Bouvreuil avale involontairement de petits insectes en même temps qu'il mange des graines.

Chez le Bouvreuil pivoine, le dimorphisme sexuel est très marqué. Le mâle (2) diffère de la femelle (1) notamment par son ventre rouge et son dos gris. Les adultes ont toujours une calotte noire. Les jeunes nouvellement emplumés en sont dépourvus et n'acquièrent leur livrée adulte qu'à la mue d'automne. Tous les oiseaux, quels que soient leur âge et leur sexe, ont une barre blanche sur les ailes et le croupion d'un blanc pur.

Le plumage du Roselin cramoisi *(Carpodacus erythrinus)*, espèce apparentée, ne comporte aucune plume noire. Les mâles flamboient de différents tons de rouge (3), alors que les femelles et les jeunes ont la couleur des Moineaux. Le Roselin cramoisi se répand progressivement vers l'ouest, à partir de ses sites de nidification installés dans les forêts d'Europe et de Sibérie orientales. En hiver, il migre vers le sud de l'Asie.

1 ♀

Bec-croisé des sapins Fringilles
Loxia curvirostra *Fringillidae*

Le Bec-croisé des sapins tire son nom de la forme originale de son bec, dont les mandibules se croisent effectivement à l'extrémité. Ceci n'est pas un caprice de la nature (la sélection naturelle n'autorise guère un tel luxe), mais une adaptation pour extraire les graines des cônes de conifères (notamment d'épicéas). L'oiseau décortique les écailles dures une à une avec son bec et extrait les graines avec sa langue charnue. Il nettoie tout le cône, en s'y accrochant avec l'habileté d'un acrobate ; parfois, aussi, il arrache le cône, et le tient dans une patte, à la manière d'un Perroquet ; il récupère également les cônes tombés à terre. Il s'intéresse presque exclusivement aux cônes d'épicéas et ne mange que rarement les graines sèches d'autres arbres ou plantes herbacées. Dans une région donnée, les graines d'épicéas mûrissent périodiquement, à intervalle de plusieurs années, si bien que les oiseaux doivent inspecter une aire de plusieurs centaines de kilomètres carrés, à la recherche de plantations où les graines sont mûres. L'arrivée des oiseaux ressemble parfois à une invasion. Elle débute toujours en été ou au début de l'automne et les oiseaux descendent même dans les parcs des villes plantés de conifères, alors que normalement, ils vivent et nichent dans les forêts d'épicéas originelles et secondaires. La ponte a lieu à un moment inhabituel pour la plupart des oiseaux, de janvier à juin. Le nid a donc des parois épaisses et la femelle ne quitte jamais les œufs ni les jeunes : le mâle est chargé de nourrir la famille. Lorsque les jeunes sont émancipés, les oiseaux se déplacent par groupes entiers.

3 ♀

La couleur du Bec-croisé des sapins mâle va du jaune la première ou deuxième année (2), à l'orange ou au rouge par la suite (1) ; toutefois, certains mâles deviennent rouges dès la première mue d'automne. Les femelles ont un plumage vert grisâtre ou jaunâtre (3), alors que les plumes des jeunes sont

gris-vert, ornées de stries foncées. Les oisillons ont le bec droit, les mandibules ne se croisant que lorsqu'ils ont quitté le nid (4).

Le Bec-croisé perroquet *(Loxia pytyopsittacus)*, qui niche au nord de l'Europe, se distingue du Bec-croisé des sapins (5) par sa tête et la taille de son bec. Il est généralement plus grand que le Bec-croisé des sapins et possède un bec plus puissant (6), car il se nourrit principalement de graines de pins, dont les cônes sont plus durs que ceux des épicéas.

Bruant jaune
Emberiza citrinella

Pendant la préhistoire, son territoire actuel était recouvert de forêts. Le Bruant jaune habitait donc principalement les steppes et prairies arborées parsemées d'arbustes, dont la superficie était nettement inférieure à l'étendue des terres cultivées actuelles. On rencontre désormais le Bruant jaune dans les bois clairs de feuillus et sur les terres agricoles plantées d'arbres et d'arbustes, à basse et à haute altitude, jusqu'à la zone de combat. Il ne fréquente pas les forêts denses et niche seulement à l'occasion dans les grandes clairières couvertes de buissons et d'herbe. L'augmentation des effectifs de Bruants jaunes est due essentiellement aux activités agricoles. Le Bruant jaune n'a pas peur des hommes et, en hiver, il apparaît en troupes dans les villages et sur le bord des routes, à la recherche de graines de céréales et de mauvaises herbes. En général, le Bruant jaune ne vagabonde pas beaucoup pendant l'année et passe l'hiver à proximité de son site de nidification. Seules, les populations vivant au nord et au nord-est de l'Europe migrent en partie vers des régions au climat moins rigoureux.

Lorsque le printemps approche, les grandes troupes hivernales se disloquent pour permettre la formation de couples qui occupent rapidement un territoire composé de buissons et de terrains découverts.Devant « l'élue de leur cœur », les mâles se pavanent en laissant traîner leurs ailes et en déployant leur queue, découvrant ainsi leur rectrices externes blanches et leur croupion roux. La construction du nid et l'élevage des jeunes incombent essentiellement à la femelle ; le travail du mâle se résume à pourvoir la famille en nourriture. Les jeunes ont un régime alimentaire composé en grande partie d'animaux.

4 3

Pendant la période de reproduction, on distingue sans difficulté le mâle (1) de la femelle (2), même à distance, grâce à l'intensité et à l'étendue de la couleur jaune dans le plumage. Comme les Fringilles, les Bruants acquièrent leur

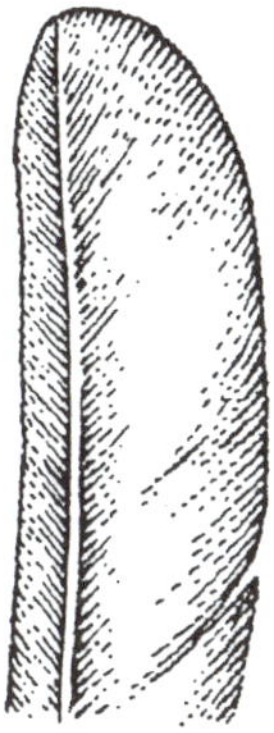

5

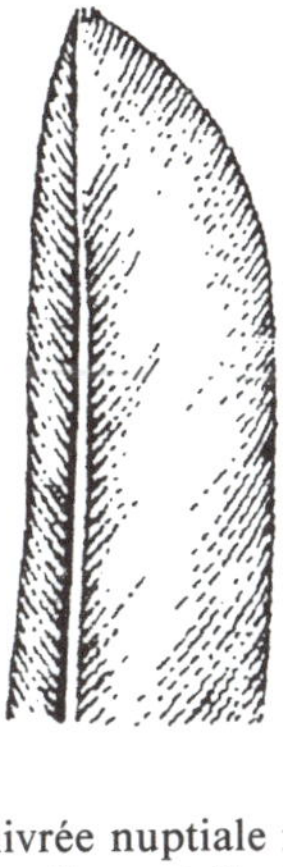

6

livrée nuptiale non pas en muant, mais en frottant l'extrémité de leurs plumes qui ont poussé en automne. Lorsqu'elles sont nouvellement formées, les plumes s'ornent d'un liseré sombre (4) ; en hiver, ces bords s'effacent et au printemps, la partie inférieure jaune vif des plumes apparaît (3). Hors de la période de nidification, les mâles ressemblent à leurs partenaires et sont difficiles à distinguer dans la nature. En revanche, si on les tient en main pour les examiner en détail, on différencie les jeunes des adultes à la forme des rectrices (5, 6). Rappelons également que la bande blanche sur les bords de la queue est un autre point caractéristique de l'espèce.

On a longtemps cru que ce Corbeau était un concurrent de l'homme pour le gibier, mais sous nos latitudes, on sait maintenant qu'il joue un rôle positif et essentiel comme oiseau charognard. Il se nourrit en effet de cadavres, de restes de repas abandonnés par les Rapaces, et de détritus. Le Grand Corbeau préfère ce menu peu appétissant à la chasse aux proies vivantes, et même lorsqu'il chasse, il choisit toujours des animaux faibles ou malades. Les œufs empoisonnés placés à terre pour tuer les animaux nuisibles constituent pour lui un grand danger, car il risque lui aussi de les absorber.

L'aire de répartition du Grand Corbeau recouvre une grande partie des régions chaudes et froides du Nouveau et de l'Ancien Monde et le nord de l'Afrique. L'oiseau n'apparaît que sporadiquement dans les pays où l'industrie et l'agriculture sont très développées, car il a été soit directement exterminé, ou les bois où il nichait ont été détruits. Ses effectifs se sont aussi probablement amenuisés du fait de la réduction des sources de nourriture due à une meilleure hygiène des sociétés humaines. Lorsque les sites de nidification sont protégés comme l'exige la loi, on enregistre de nouveau une hausse des effectifs et les oiseaux retournent de leur refuge temporaire vers leurs lieux d'origine, y compris sur les terres cultivées. On a constaté un net retour du Grand Corbeau en Europe et, si l'on en croit les spécialistes, il a gagné 8 km par an au cours des dernières décennies.

2 3

Le Grand Corbeau (1) peut peser jusqu'à 1,5 kg et est un des plus grands Passereaux vivant à haute altitude. On le classe parmi les Passereaux non pas pour ses qualités vocales, mais du fait de sa morphologie, de ses mœurs et notamment de la disposition de ses cordes vocales dans la région de la syrinx.

Le Grand Corbeau est relativement facile à identifier dans la nature avec sa voix profonde et ses croassements, sa taille et, en vol, sa queue cunéiforme (2) dont sont dépourvus la Corneille mantelée et le Corbeau freux (3). À la différence de ces deux espèces, qui cherchent ensemble leur nourriture sur les terrains découverts, le Grand Corbeau vit surtout en couple ou en famille, très rarement en grand groupe.

1

Corneille noire, Corneille mantelée Corbeaux
Corvus corone *Corvidae*

Voici l'un des exemples les plus fréquemment cités pour expliquer comment l'ère glaciaire a influencé le processus d'évolution en donnant le jour à deux formes différentes à partir d'une espèce originelle unique. Deux groupes de sous-espèces, comprenant deux formes noires et quatre formes blanches, se distinguent encore du point de vue géographique, même si leurs mœurs sont très proches. La Corneille noire *(Corvus corone corone)* s'est développée dans un milieu humide au sud-ouest de l'Europe, puis s'est déployée au nord-est jusqu'à une ligne passant par le Schleswig-Holstein, le long de l'Elbe et de la Vltava jusqu'en Autriche et à l'est de l'Italie. Les régions s'étendant plus au nord et à l'est ne sont peuplées que par la Corneille mantelée *(C. corone cornix)*, qui s'est développée au sud-est de l'Europe et dans les régions chaudes d'Asie. Son aire de nidification est nettement plus étendue que celle de la Corneille noire.

Les deux espèces européennes sont sédentaires et chez la Corneille mantelée, seuls les jeunes entreprennent des déplacements importants ou des excursions régulières. Ces deux espèces nichent dans les parcs ouverts où fourrés et steppes cultivées alternent avec champs et prairies ; elles ne dédaignent pas les grands peuplements forestiers, mais se contentent de nicher à la périphérie. Elles sont peu exigeantes quant à l'altitude, par contre elles aiment nicher près de l'eau et cherchent souvent leur nourriture à proximité. À la différence du Corbeau freux, les couples nichent en solitaires ; les partenaires restent ensemble jusqu'à la mort de l'un d'eux. Les Corbeaux sont des parents très consciencieux, et pendant que la femelle couve, le mâle veille à ce que la famille soit approvisionnée en permanence. Dès que les jeunes ont un peu grandi, la femelle participe elle aussi au nourrissage.

3

La Corneille noire (1) et la Corneille mantelée (2) se rencontrent en Europe centrale, le long d'une zone de contact orientée nord-sud et mesurant plusieurs dizaines de kilomètres de large. Là, se forment parfois des couples mixtes qui donneront le jour à des hybrides au plumage noir et gris dans des proportions variables (3). Étant donné que ni les hybrides, ni aucune des deux sous-espèces ne dominent en nombre, cette zone de division ne montre aucun signe d'évolution ; sinon, la forme la plus nombreuse entrerait sur le territoire de l'autre, modifiant ainsi la ligne de séparation. Des oiseaux noirs ou gris solitaires apparaissent parfois assez loin dans le territoire habité par l'autre sous-espèce, mais ce sont le plus souvent de jeunes individus qui ne se sont pas encore fixés ; dans ce nouvel environnement, ils trouveront un partenaire au plumage différent du leur et s'installeront là définitivement.

Le Corbeau freux niche dans la majeure partie de l'Europe, hormis la péninsule Ibérique et le nord de la Scandinavie. Son aire de répartition s'étend vers l'est en formant une large zone qui traverse l'Asie jusqu'aux côtes du Pacifique. Les Corbeaux freux vivant au nord migrent vers le sud, parfois en Europe centrale et occidentale, mais jamais plus bas que la région méditerranéenne. En hiver, ils passent la nuit en groupes dans de grands arbres poussant dans les taillis et les bosquets. À l'aube, ils partent en reconnaissance pour trouver de la nourriture, parcourant parfois des dizaines de kilomètres avant d'en trouver. Ils cherchent dans les champs (si la neige n'est pas trop épaisse), où ils volent les semences d'automne ; ils compensent toutefois largement les dégâts en consommant des insectes au stade quiescent, ainsi que des campagnols. Ils montrent un grand intérêt pour les tas d'ordures et hivernent assez fréquemment dans les grandes agglomérations. Ils nichent et hivernent à faible altitude, dans la campagne cultivée entrecoupée de taillis et bois ripicoles, car ils aiment la proximité de l'eau. Les Corbeaux freux sont des oiseaux grégaires et les couples solitaires ou les petits groupes sont vraiment exceptionnels. Ils forment plutôt des colonies comprenant souvent plusieurs milliers de nids installés à la cime des arbres à feuillage caduc. Certaines populations nichent effectivement en ville, dans les bâtiments ou dans les arbres.

2

3

Chez les Corbeaux freux éclos dans l'année, la base du bec est recouverte de plumes (3), alors que chez les oiseaux plus âgés (2) cette partie du bec est nue et laisse apercevoir la peau blanchâtre. En plus de la forme du bec, c'est un des traits importants distinguant le Freux de la Corneille noire. Au soleil, on constate une autre différence : le plumage de la Corneille noire a des reflets verts et rouges, alors que celui du Corbeau freux

1

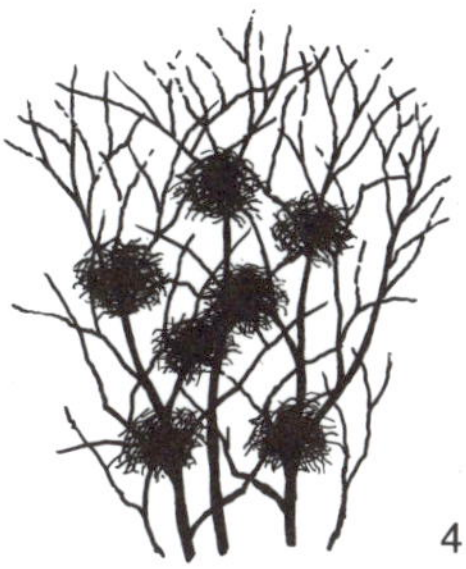

4

renvoie un éclat métallique violet (1). Dans la colonie, un arbre abrite plusieurs nids (4). Les Corbeaux freux ne cessent de se quereller et vont même jusqu'à se voler des matériaux destinés à la construction du nid. La colonie joue un rôle défensif selon le principe « l'union fait la force », et il arrive souvent qu'un des membres rapporte de la nourriture pour lui-même et pour d'autres.

Voici l'un des membres les plus connus de la famille des Corvidés. Il est surprenant d'observer comment la Pie bavarde parvient à se déplacer dans les taillis où elle installe son nid sans accrocher sa longue queue noire. En vol, elle alterne les battements d'ailes rapides avec des mouvements plus lents, donnant l'impression qu'elle a du mal à se maintenir dans les airs. Elle saute rapidement sur le sol ou sur les branches, mais sait aussi marcher tranquillement. Comme d'autres Corvidés, c'est un oiseau très intelligent et l'un de ses traits marquants est sa curiosité pour tout ce qui est nouveau dans son entourage, d'où ses tendances à la « kleptomanie » et son habitude à rapporter au nid des objets brillants ou de couleurs vives. Son intelligence lui a également permis de survivre relativement facilement sur les terres cultivées fortement modifiées par l'activité humaine. L'homme a toujours considéré la Pie bavarde comme un oiseau nuisible, pillant le nid d'autres oiseaux et tuant lièvres et Perdrix. Mais ce sont des cas isolés, car la Pie bavarde mange essentiellement de grands invertébrés, de petits rongeurs nuisibles, des graines de plantes cultivées et de mauvaises herbes, ainsi que des baies. Les accusations portées contre elle sont donc injustifiées, mais l'oiseau est toujours pourchassé. Sa meilleure défense reste sa méfiance et on dit que les membres de cette famille sont capables de faire la différence entre un chasseur armé d'un fusil et un simple promeneur, qu'ils laisseront approcher plus près.

2

Les Corvidés ont un plumage foncé, plutôt sobre. La Pie bavarde (1) est une exception et son plumage noir et blanc se remarque de très loin. Le nid (2) est une structure massive composée de brindilles et surmontée d'une voûte de feuillage. Il est généralement installé dans un endroit inaccessible à la cime d'un arbuste ou d'un arbre et est en fait si bien camouflé, qu'on ne peut l'apercevoir qu'en automne, après la

1

chute des feuilles. L'extérieur est recouvert d'une couche isolante d'herbe, de terre et/ou de tourbe et l'intérieur est garni de petites feuilles et de poils. Leur instinct de bâtisseurs pousse souvent les Pies les plus âgées à construire plusieurs nids parmi lesquels la femelle choisira celui qu'elle préfère.

Une des premières voix que l'on entend fréquemment en entrant dans un bois est celle rauque, mono- ou bisyllabique, du Geai des chênes qui prévient ainsi les autres habitants de la forêt de l'arrivée d'intrus. Les Geais des chênes ne sont pas les seuls à tenir compte du signal ; d'autres oiseaux et même des mammifères se mettent en état d'alerte. Le Geai émet aussi des cris assez doux et imite la voix d'autres oiseaux et mammifères qu'il connaît.

Les Geais des chênes nichent par couples solitaires et sont tellement méfiants au voisinage du nid qu'on ne peut les apercevoir qu'avec de la chance. Lorsqu'ils ne nichent pas, ils prennent moins de précautions et volent souvent d'un bois à l'autre, s'aventurant même sur les terres découvertes, à la recherche de nourriture. Par les journées ensoleillées d'automne, on peut apercevoir les oiseaux du nord migrant vers le sud. Ils font leur apparition dans le ciel, l'un après l'autre, volant seuls mais sans se perdre de vue. Très souvent, les oiseaux locaux les invitent à s'arrêter pour se reposer et manger dans les bois de chênes et de hêtres. En automne, les Geais des chênes mangent surtout des glands et des faînes, pour lesquels ils montrent une véritable faiblesse. Les années pléthoriques, les oiseaux stockent des provisions, mais oublient souvent l'endroit de la cachette ou sont incapables de la retrouver sous la neige. Avant de commencer à nicher, ils se réunissent en petits groupes sur un arbre pour former des couples, avec force jacassements et querelles.

2

Vu de près, le Geai déploie des couleurs assez vives (1), et même à distance, l'association de tons clairs et foncés attire toujours l'œil. La partie la plus connue de son plumage se compose des couvertures alaires bleues, striées de noir et blanc (2). En été, on trouve souvent des plumes isolées posées sur les aiguilles de conifères ou sur les feuilles mortes. Ce sont des plumes que

1

3

les oiseaux perdent lors de la mue ; leur couleur vive attire l'attention. Un ornithologue peut déterminer, à partir du nombre de stries qui ornent ces plumes, l'âge de l'oiseau qui les a perdues. En effet, les plumes des individus âgés de plus d'un an (3) portent plus de stries que celles des jeunes.

Mésangeai imitateur Mésangeai
Perisoreus infaustus *Corvidae*

Le Mésangeai imitateur habite les régions les plus septentrionales d'Europe et d'Asie. C'est une espèce caractéristique de la taïga d'épicéas, de pins et de mélèzes. Sédentaire, il descend juste un peu vers le Sud en hiver, ou rejoint des altitudes moins élevées. Très rarement, des oiseaux du nord-est de l'Europe ou de Scandinavie errent vers le sud ou le sud-ouest. Le sort réservé à ces oiseaux est peu réjouissant puisqu'ils finissent par mourir dans leur nouveau milieu sans avoir pu rencontrer un partenaire. Pour des raisons non encore élucidées, ils éprouvent de grandes difficultés à retrouver leur chemin et c'est un chasseur qui met généralement fin à leurs jours. Ils paient donc cher leur confiance en l'homme.

Les mœurs du Mésangeai imitateur ressemblent à celles du Geai des chênes. Il est granivore, mange différents fragments de végétaux et adore véritablement les graines de *Pinus cembra sibirica*, qu'il prélève directement dans une position acrobatique sur les cônes poussant à l'extrémité des branches. La part animale de son régime alimentaire se compose surtout d'insectes et autres invertébrés, mais il attrape aussi de petits rongeurs sylvicoles et pille les nids d'autres oiseaux. La saison de reproduction commence très tôt au printemps, lorsqu'il y a encore de la neige au sol. L'époque de la ponte dépend de la latitude, à savoir que les populations septentrionales nichent plus tard. Du fait du climat, les jeunes restent au nid assez longtemps.

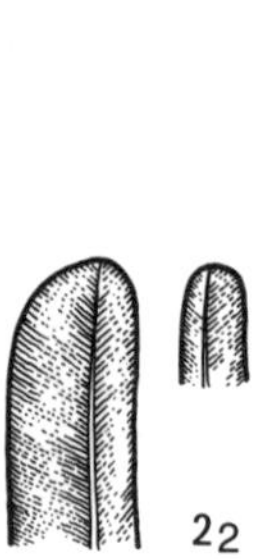
2

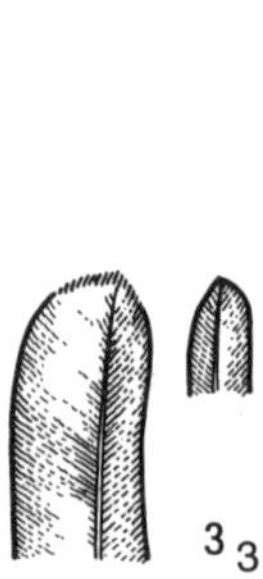
3

Le Mésangeai imitateur est un peu plus grand qu'un Merle noir. Il se distingue du Geai des chênes par sa queue plus longue, son bec droit et l'absence de plumes bleues sur les ailes. Il diffère de la Pie bavarde par sa couleur, à dominante gris-brun, éclairée de motifs brun-roux (1). Les taches rousses sur les ailes, le croupion et la queue facilitent son identification, même dans la pénombre de la forêt. Un

examen détaillé permet d'évaluer approximativement l'âge des oiseaux, puisque les plus âgés (2) ont les rectrices plus arrondies et moins effilochées que les jeunes (3). Le Geai des chênes connaît toute une gamme de sons lui étant propres ou d'imitations, alors que le Mésangeai imitateur reste généralement silencieux et même lorsqu'il lance un cri, sa voix est beaucoup plus douce.

Casse-noix moucheté Casse-noix
Nucifraga caryocatactes *Corvidae*

Comme le Mésangeai imitateur, le Casse-noix moucheté est une espèce de la taïga, mais en plus des forêts de conifères en expansion au nord et nord-est de l'Europe, il peuple aussi les montagnes se dressant plus au sud. Il niche dans toute la zone forestière de Sibérie, où il forme une sous-espèce différente de celle d'Europe. Le Casse-noix moucheté est principalement sédentaire ou erratique et entreprend rarement de longs voyages. Périodiquement, à quelques années d'intervalle, les oiseaux de Sibérie migrent ou envahissent les régions chaudes et tempérées d'Europe, probablement du fait d'une mauvaise production de graines de pins cembros dans de vastes régions de Sibérie. Ces graines sont le principal composant du menu des oiseaux vivant dans la zone orientale de l'aire de répartition ; dans les endroits où cet arbre ne pousse pas, le Casse-noix moucheté se nourrit de châtaignes, glands, faînes et fruits charnus. Les animaux entrent peu dans son alimentation, mais il en attrape parfois mesurant une taille respectable.

La vie de famille des deux sous-espèces est identique. Les partenaires commencent à construire le nid dès que la neige est fondue, brisant les brindilles avec leur bec en les prélevant sur l'arbre où se trouvera le futur nid. Celui-ci est relativement petit, mais présente de hautes parois qui sont isolées du froid par une couche d'écorce en décomposition ; elles sont très solides et protègent parfaitement les œufs et les jeunes. Lorsqu'elle couve, la femelle ne quitte pratiquement pas le nid et est nourrie par le mâle. Les deux parents continuent d'alimenter les petits après qu'ils aient quittés le nid, puis les familles se désunissent et les oiseaux commencent à se rassembler pour partir à la recherche de nouvelles sources de nourriture.

2

3

Le Casse-noix moucheté a la taille d'une Tourterelle des bois et a un peu les mêmes couleurs qu'un Étourneau (1), mais son bec robuste confirme sa parenté avec les autres Corvidés. Des représentants de la sous-espèce européenne *Nucifraga caryocatactes caryocatactes* (2) et la sous-espèce sibérienne *N. caryocatactes macrorhynchos* (3) se distinguent aisément à la forme de leur bec et aux motifs des rectrices. En dehors de la période de nidification, les membres des deux sous-espèces peuvent apparaître aux mêmes endroits. Ils fréquentent aussi les villes (parcs, vergers et jardins avec arbres fruitiers) et les terres agricoles. Partout, ils recherchent les noisettes ou les fruits tombés à terre ou toujours accrochés sur l'arbre. En vol, le Casse-noix moucheté s'identifie à sa raie blanche sur la queue, aux sous-caudales blanches et à sa voix caractéristique.

Index des noms français

Les chiffres en gras renvoient aux planches

Index des noms latins

Les chiffres en gras renvoient aux planches